プリント形式のリアル過去問で本番の臨場感！

広島県

広島大学附属福山 中学校

2025年春 受験用

解答集

本書は，実物をなるべくそのままに，プリント形式で年度ごとに収録しています。
問題用紙を教科別に分けて使うことができるので，本番さながらの演習ができます。

■ 収録内容

・解答集（この冊子です）

　　書籍ＩＤ番号，この問題集の使い方，最新年度実物データ，リアル過去問の活用，
　　解答例と解説，ご使用にあたってのお願い・ご注意，お問い合わせ

・2024（令和６）年度 ～ 2018（平成30）年度　学力検査問題

JN132340

○は収録あり	年度	'24	'23	'22	'21	'20	'19
■ 問題※		○	○	○	○	○	○
■ 解答用紙		○	○	○	○	○	○
■ 配点							

全教科に解説
があります

上記に2018年度を加えた7年分を収録しています
※国語の問題は非公表のため収録していません

教英出版

■ 書籍ID番号

入試に役立つダウンロード付録や学校情報などを随時更新して掲載しています。
教英出版ウェブサイトの「ご購入者様のページ」画面で，書籍ID番号を入力してご利用ください。

【入試に役立つダウンロード付録】
「要点のまとめ(国語／算数)」
「課題作文演習」ほか

■ この問題集の使い方

年度ごとにプリント形式で収録しています。針を外して教科ごとに分けて使用します。①片側，②中央のどちらかでとじてありますので，下図を参考に，問題用紙と解答用紙に分けて準備をしましょう（解答用紙がない場合もあります）。

針を外すときは，けがをしないように十分注意してください。また，針を外すと紛失しやすくなりますので気をつけましょう。

① 片側でとじてあるもの

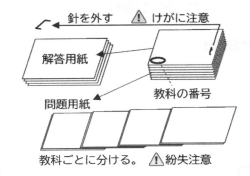

針を外す　⚠けがに注意
解答用紙
教科の番号
問題用紙
教科ごとに分ける。　⚠紛失注意

② 中央でとじてあるもの

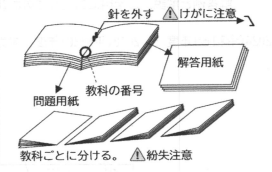

針を外す　⚠けがに注意
教科の番号
解答用紙
問題用紙
教科ごとに分ける。　⚠紛失注意

※教科数が上図と異なる場合があります。
解答用紙がない場合や，問題と一体になっている場合があります。
教科の番号は，教科ごとに分けるときの参考にしてください。

■ 最新年度 実物データ

実物をなるべくそのままに編集していますが，収録の都合上，実際の試験問題とは異なる場合があります。実物のサイズ，様式は右表で確認してください。

問題用紙	B4片面プリント
解答用紙	算：B4片面プリント 理・社：問題用紙に併記

リアル過去問の活用

~リアル過去問なら入試本番で力を発揮することができる~

🌸 本番を体験しよう！

問題用紙の形式（縦向き／横向き），問題の配置や余白など，実物に近い紙面構成なので本番の臨場感が味わえます。まずはパラパラとめくって眺めてみてください。「これが志望校の入試問題なんだ！」と思えば入試に向けて気持ちが高まることでしょう。

🌸 入試を知ろう！

同じ教科の過去数年分の問題紙面を並べて，見比べてみましょう。

① 問題の量

毎年同じ大問数か，年によって違うのか，また全体の問題量はどのくらいか知っておきましょう。どのくらいのスピードで解けば時間内に終わるのか，大問ひとつにかけられる時間を計算してみましょう。

② 出題分野

よく出題されている分野とそうでない分野を見つけましょう。同じような問題が過去にも出題されていることに気がつくはずです。

③ 出題順序

得意な分野が毎年同じ大問番号で出題されていると分かれば，本番で取りこぼさないように先回りして解答することができるでしょう。

④ 解答方法

記述式か選択式か（マークシートか），見ておきましょう。記述式なら，単位まで書く必要があるかどうか，文字数はどのくらいかなど，細かいところまでチェックしておきましょう。計算過程を書く必要があるかどうかも重要です。

⑤ 問題の難易度

必ず正解したい基本問題，条件や指示の読み間違いといったケアレスミスに気をつけたい問題，後回しにしたほうがいい問題などをチェックしておきましょう。

🌸 問題を解こう！

志望校の入試傾向をつかんだら，問題を何度も解いていきましょう。ほかにも問題文の独特な言いまわしや，その学校独自の答え方を発見できることもあるでしょう。オリンピックや環境問題など，話題になった出来事を毎年出題する学校だと分かれば，日頃のニュースの見かたも変わってきます。

こうして志望校の入試傾向を知り対策を立てることこそが，過去問を解く最大の理由なのです。

🌸 実力を知ろう！

過去問を解くにあたって，得点はそれほど重要ではありません。大切なのは，志望校の過去問演習を通して，苦手な教科，苦手な分野を知ることです。苦手な教科，分野が分かったら，教科書や参考書に戻って重点的に学習する時間をつくりましょう。今の自分の実力を知れば，入試本番までの勉強の道すじが見えてきます。

🌸 試験に慣れよう！

入試では時間配分も重要です。本番で時間が足りなくなってあわてないように，リアル過去問で実戦演習をして，時間配分や出題パターンに慣れておきましょう。教科ごとに気持ちを切り替える練習もしておきましょう。

🌸 心を整えよう！

入試は誰でも緊張するものです。入試前日になったら，演習をやり尽くしたリアル過去問の表紙を眺めてみましょう。問題の内容を見る必要はもうありません。どんな形式だったかな？受験番号や氏名はどこに書くのかな？…ほんの少し見ておくだけでも，志望校の入試に向けて心の準備が整うことでしょう。

そして入試本番では，見慣れた問題紙面が緊張した心を落ち着かせてくれるはずです。

※まれに入試形式を変更する学校もありますが，条件はほかの受験生も同じです。心を整えてあせらずに問題に取りかかりましょう。

《 国 語 》

問題非公開のため掲載しておりません。

《 算 数 》

1　(1)$\frac{5}{9}$　(2)900　(3)6.25　(4)(ア)1　(イ)1.5　(ウ)1.7　(5)あ30　い7.5　(6)40　(7)63
　(8)①3000　②2160

2　(1)3，189，148　(2)5，500，244　(3)64，4，158

3　(1)①10　②10　③11　④10　(2)338　(3)2996，2998，2999，3000，3001，3003

《 理 科 》

1　(1)ア　(2)イ　(3)イ　(4)エ　(5)右図
　(6)①○　②×　③×　④×

2　(1)①解ぼう　②イ　③反射鏡　(2)イ→エ→ア→ウ
　(3)ウ→イ→エ→ア　(4)①×　②A　③B　④A　(5)右図

3　(1)1.2　(2)①イ　②ケ　③キ　(3)ア　(4)ア，カ

4　(1)3　(2)ア　(3)イ　(4)①ちっ素　②二酸化炭素　(5)③イ　④オ　(6)エ

1 5)の図

2 5)の図

《 社 会 》

1　(1)①う　②い　③あ　④あ　⑤え　(2)え　(3)う　(4)あ　(5)え　(6)い　(7)共生

2　(1)①う　②お　③か　④か　⑤え　⑥あ　⑦い　⑧え　⑨お　(2)い

3　(1)①あ　②え　③あ　④い　⑤う　(2)①う　②い　③え

《2024 算数 解説》

1 (1) 与式 $=\dfrac{1}{6}\div\dfrac{9}{7}\div\left(\dfrac{10}{30}-\dfrac{3}{30}\right)=\dfrac{1}{6}\times\dfrac{7}{9}\times\dfrac{30}{7}=\dfrac{5}{9}$

(2) さらに必要なペンキの量は 3.5dL の，$\dfrac{100-28}{28}=\dfrac{18}{7}$（倍）だから，$3.5\times\dfrac{18}{7}=9$（dL）である。

1 dL $=0.1$ L $=(0.1\times1000)$ cm³ $=100$ cm³ だから，求める量は，$9\times100=$ **900**（cm³）

(3) 四角柱の体積は，$\{(6.3+9.4)\times10\div2\}\times4=314=100\times3.14$（cm³）

円柱の底面積は，$4\times4\times3.14=16\times3.14$（cm²）　　よって，円柱の高さは，$\dfrac{100\times3.14}{16\times3.14}=$**6.25**（cm）

(4) 【解き方】データの値ごとの個数は，0が6個，1が9個，2が7個，3が4個，4が3個，5が1個である。

最頻値は最も個数が多いデータだから，1回である。

30個のデータの中央値は，$30\div2=15$ より，大きさ順に並べたときの15番目と16番目の値の平均である。

1以下が $6+9=15$（個），2以下が $15+7=22$（個）だから，小さい方から15番目が1，16番目が2なので，中央値は，$(1+2)\div2=$**1.5**（回）

平均値は，$(0\times6+1\times9+2\times7+3\times4+4\times3+5\times1)\div30=52\div30=1.73\cdots\to$**1.7**（回）

(5) 【解き方】x と y が反比例しているとき，$x\times y$ は一定になる。

$x\times y=6\times10=60$ だから，あ$=60\div2=$**30**，い$=60\div8=$**7.5**

(6) AB，CD それぞれと線対称な直線，
および点対称な直線を引くと，右の図I
のようになる。引いた直線と線対称な直
線を引くと，図IIのように八角形になる。
図IIの八角形を真ん中の長方形と4つの
三角形に分けて面積を求めると，

$6\times4+(4\times1\div2)\times2+$
$\qquad\qquad (6\times2\div2)\times2=$

$24+4+12=$**40**（cm²）

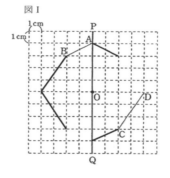
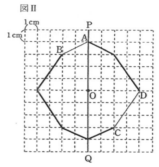

(7) 【解き方】持っている硬貨で，50円硬貨1枚は10円硬貨に両替でき，100円硬貨1枚は50円硬貨と10円硬貨に両替できる。したがって，0円から $100\times2+50\times1+10\times6=310$（円）までは10円きざみですべて作ることができる。

10×0（円）から 10×31（円）までの $31-0+1=32$（通り）の金額は作ることができる。これに500円硬貨1枚を加えるか加えないかによって，合わせて $32\times2=64$（通り）の金額を作ることができる。ただし，この中には0円もふくまれている。0円は「1枚以上使ってちょうどはらうことができる金額」とはいえないので，求める金額の数は，$64-1=$**63**（通り）

(8)① 【解き方】最初に2人が出会うまでに2人は同じ時間だけ進むから，進んだ道のりの比は速さの比と等しく $15:12=5:4$ となる。

最初に2人が出会うまでに，Aさんは5400mの道のりのうちの $\dfrac{5}{5+4}=\dfrac{5}{9}$ を進むから，求める道のりは，$5400\times\dfrac{5}{9}=$**3000**（m）

② 時速15kmは，$\dfrac{15\times1000}{60}=250$ より分速250m，時速12kmは，$\dfrac{12\times1000}{60}=200$ より分速200mである。

AさんがQ地点に着くのは，$5400 \div 250 = \dfrac{108}{5} = 21\dfrac{3}{5}$（分後），BさんがP地点に着くのは，$5400 \div 200 = 27$（分後）である。したがって，AさんがQ地点で折り返してから$27 - 21\dfrac{3}{5} = 5\dfrac{2}{5} = \dfrac{27}{5}$（分）たったときに，BさんがP地点に着く。このときAさんはQ地点から$100 \times \dfrac{27}{5} = 540$（m）進んでいるから，2人は$5400 - 540 = 4860$（m）はなれている。このあと2人が出会うまでに2人が進む道のりの比は，速さの比と等しく$100 : 80 = 5 : 4$である。したがって，BさんはP地点から$4860 \times \dfrac{4}{5+4} = 2160$（m）進んだときに2回目にAさんと出会うから，求める道のりは**2160m**である。

2 (1) 【解き方】63を2つの整数の積で何通りに表せるかを考える。

$63 = \underline{1} \times 63 = \underline{3} \times 21 = \underline{7} \times 9$だから，3通りに表せるので，長方形や正方形は全部で**3**種類できる。

階段の形の図形を作ると，図形の面積は，$63 \times 3 = \mathbf{189}$（㎠）になる。周の長さについては図1，図2を参考に考える。図2の周の長さのうち縦の辺の長さは，図1で最も縦が長い長方形の縦の長さの2倍である。また，図2の周の長さのうち横の辺の長さは，図1の横の長さの和の2倍である。したがって，63個の正方形を使う場合の階段の形の図形において，縦の辺の長さは63×2（cm），横の辺の長さは下線部の数の和の2倍だから，$(1 + 3 + 7) \times 2 = 11 \times 2$（cm）である。よって，求める周の長さは，$63 \times 2 + 11 \times 2 = (63 + 11) \times 2 = \mathbf{148}$（cm）

(2) 【解き方】(1)より，周の長さは，｛（最も長い縦の長さ）＋（すべての長方形の横の長さの和）｝$\times 2$（cm）となる。

$100 = 1 \times 100 = 2 \times 50 = 4 \times 25 = 5 \times 20 = 10 \times 10$と5通りに表せるので，長方形や正方形は全部で**5**種類できる。

階段の形の図形を作ると，面積は，$100 \times 5 = \mathbf{500}$（㎠）になる。周の長さは，$\{100 + (1 + 2 + 4 + 5 + 10)\} \times 2 = \mathbf{244}$（cm）になる。

(3) 【解き方】256を素数の積で表すと，$256 = 2 \times 2 \times 2 \times 2 \times 2 \times 2 \times 2 \times 2$となる。したがって，**できる長方形や正方形の種類は2を何回かかけてできる数になり，使う正方形の個数も2を何回かかけてできる数になる。**

長方形や正方形の種類が1種類だと条件に合わない。

長方形や正方形の種類が2種類だと，正方形の個数が$256 \div 2 = 128$（個）となり，明らかに2種類より多くできるので，条件に合わない。

長方形や正方形の種類が$2 \times 2 = 4$（種類）だと，正方形の個数が$256 \div 4 = \mathbf{64}$（個）となる。

$64 = 1 \times 64 = 2 \times 32 = 4 \times 16 = 8 \times 8$だから，条件に合う。

長方形や正方形の種類を$4 \times 2 = 8$や$8 \times 2 = 16$など8種類以上にしても，実際に作ることができる種類は4種類以下になるから，条件に合わない。

正方形を64個ずつ使って階段の形の図形を作ると，周の長さは，$\{64 + (1 + 2 + 4 + 8)\} \times 2 = \mathbf{158}$（cm）になる。

3 (1)① 60を整数Nで割ったときの商が2になるとする。

$60 \div 2 = 30$だから，Nが30より大きいと商は1になるので，Nは30以下である。

$60 \div 3 = 20$だから，Nが20より大きいと商は2以下になるので，Nは$20 + 1 = 21$以上である。

よって，Nは21以上30以下だから，全部で，$30 - (21 - 1) = \mathbf{10}$（個）ある。

② ①と同様に考える。$61 \div 2 = 30$余り1だから，Nは30以下である。$61 \div 3 = 20$余り1だから，Nは21以上である。よって，Nは21以上30以下だから，全部で，$30 - (21 - 1) = \mathbf{10}$（個）ある。

③ 【解き方】①，②より，ある整数Mを2で割った商をa，3で割った商をbとすると，Mを整数Nで割ったときに商が2になるようなNは，$b + 1$以上，a以下であり，Nは全部で，$a - (b + 1 - 1) = a - b$（個）ある。

$62 \div 2 = 31$，$62 \div 3 = 20$余り2だから，求める個数は，$31 - 20 = \mathbf{11}$（個）

④ ③をふまえる。$63 \div 2 = 31$余り1，$63 \div 3 = 21$だから，求める個数は，$31 - 21 = \mathbf{10}$（個）

(2) ③をふまえる。2024÷2＝1012, 2024÷3＝674余り2だから，求める個数は，1012－674＝**338**（個）

(3) 【解き方】ある整数Mを整数Nで割ったときに商が2になるとする。(1)③をふまえて，具体的に計算していくが，(1)を通してわかるように，Mが連続していても，Nの個数はつねに増え続けたり減り続けたりするわけではない。よって，求める6個の数は，連続した数になるとは限らない。

Mが大きいほどNの範囲は広がっていくので，Mは2024よりも大きい数である。2で割ったときと3で割ったときの商の差が500になる数としてわかりやすいMの値は，3000である。

M＝3000のとき，3000÷2＝ア<u>1500</u>, 3000÷3＝イ<u>1000</u>より，Nは1500－1000＝500（個）あるので，条件に合う。

Mを1減らして2999にすると，下線部アは1499余り1となり，下線部イは999余り2となる。このときNは1499－999＝500（個）あるから，条件に合う。

このように，Mの値を1増減させたときのア，イの部分の変化を考え，Nが500個あるときを探していくと，右表のようになる。よって，求める数は，**2996, 2998, 2999, 3000, 3001, 3003**である。

M	ア	イ	Nの個数
2994	1497	998	1497－998＝499（個）
2995	1497 余り1	998 余り1	1497－998＝499（個）
2996	1498	998 余り2	1498－998＝500（個）
2997	1498 余り1	999	1498－999＝499（個）
2998	1499	999 余り1	1499－999＝500（個）
2999	1499 余り1	999 余り2	1499－999＝500（個）
3000	1500	1000	1500－1000＝500（個）
3001	1500 余り1	1000 余り1	1500－1000＝500（個）
3002	1501	1000 余り2	1501－1000＝501（個）
3003	1501 余り1	1001	1501－1001＝500（個）
3004	1502	1001 余り1	1502－1001＝501（個）
3005	1502 余り1	1001 余り2	1502－1001＝501（個）

《2024　理科　解説》

1 (1) 月は，東の地平線からのぼり，南の空を通って，西の地平線にしずむ。また，月が見えている時間はおよそ12時間だから，西の空に半月が見えた約10時間前には，東の空に半月が見える。

(2) 半月には，夕方6時ごろに南の空でイのように見える上弦（じょうげん）の月と，朝6時ごろに南の空でカのように見える下弦の月があり，夜に西の空に見える半月は上弦の月である。

(4) エ×…さそり座は夏の星座，わし座のアルタイルは夏の大三角をつくる星の1つでこれらは夏に観察できる。おおいぬ座のシリウスは冬の大三角をつくる星の1つで冬に観察できる。

(5) さそり座の赤い一等星はアンタレスである。

(6) 東の空にある星は，南の空を通り，西の地平線にしずむ。北の空の星は，北極星を中心に反時計回りに動いて見える。このように，星の位置は時間とともに変わるが，星のならび方は時間がたっても変わらない。

2 (1)② 解ぼうけんび鏡では，10～20倍にして観察することができる。

(2) イ（卵）→エ（だっぴをしていない幼虫）→ア（だっぴをした幼虫）→ウ（さなぎ）と育ち，その後さなぎから成虫が出てくる。

(4) ①たまごをあたためて育てるのは鳥類である。

(5) こん虫の体は，頭，むね，はらの3つに分かれていて，しょっ角は頭から，6本（3対）のあしはむねから出ている。

3 (1) A→BとB→Aでは，ふりこの長さが48cmのふりことして動き，B→C→Bでは，ふりこの長さが48－24＝24（cm）のふりことして動く。したがって，このふりこが1往復する時間は(1.4＋1.0)÷2＝1.2（秒）である。

(2) 表の2種類のふりこの1往復する時間の和の半分が，図2のふりこの1往復する時間に等しくなるから，この時間は，最小（ふりこの長さが12cmと24cmのとき）で，(0.7＋1.0)÷2＝0.85（秒），最大（ふりこの長さが96cmと192cm）で，(2.0＋2.8)÷2＝2.4（秒）である。図2のふりこが3.0秒で往復できる回数は，3.0÷2.4＝1.25（回）以

上 3.0÷0.85＝3.5…(回)以下だから，選択肢より，①に入る数は2または3とわかる。図2のふりこが 3.0 秒で2往復するとき，表の2種類のふりこの1往復する時間の和が 3.0 秒になればよいから，表より，ふりこの長さが 96 cmのふりこ(1往復する時間が 2.0 秒)と 24 cmのふりこ(1往復する時間が 1.0 秒)を組み合わせればよいとわかる。このとき，図2のふりこの長さを 96 cm，支点から棒までの長さを 96－24＝72(cm)にすればよい。また，図2のふりこが 3.0 秒で3往復するとき，2.0 秒で2往復するが，表の2種類のふりこの1往復する時間の和が 2.0 秒になる組み合わせはない。

(3) ふりこの長さは，支点からおもり(磁石)の重心までの長さだから，図3のように磁石を取りつけると，重心が下がり，ふりこの長さが長くなる。よって，ふりこが1往復する時間は長くなる。

(4) ア○，イ×…表より，ふりこの長さが長くなると，1往復する時間は長くなる。　ウ，エ×…磁石の重さだけを変えた実験を行っていないので，この実験から1往復する時間と磁石の重さに関係があるかはわからない。なお，図3のふりこは図1のふりことふりこの長さが変わっているので，1往復する時間が磁石の重さによって変わったのか，ふりこの長さによって変わったのかわからない。　オ×，カ○…棒がないときより，B→C→Bでふりこの長さが短くなるので，1往復する時間は短くなる。

4 (1) びんの中の空気の入れかわりが起こりにくい装置3では火が消える。

(2)(3) ろうそくの火によってあたためられた空気は軽くなって上に移動する。すると下から新しい空気が入る。

(4)(5) ろうそくが燃える前と後の空気にふくまれる気体の割合は，ちっ素は変わらず，酸素は減り(0％にはならない)，二酸化炭素は増える。

— 《2024　社会　解説》 —

1 (1)① X．誤り。水田では，川やため池から水路を通して水を引き入れている。Y．正しい。

② X．正しい。原料の多くを船舶で輸入している。Y．誤り。鉄鋼の輸送の多くは船舶による。

③ X．正しい。森林は，その保水力から「緑のダム」と言われる。Y．正しい。森林は，陸上の動物や植物の生きる環境を保つだけでなく，流れ出た栄養分が川を伝って海に流れ，海の生き物の養分になることから，「森は海の恋人」と言われる。

④ X．正しい。マイナンバーカードなどを利用して，コンビニエンスストアのマルチコピー機で交付を受けることができる。Y．正しい。

⑤ X．誤り。路線バス利用客数は減少している。Y．誤り。下水は，人が使って汚れた水などであり，下水処理場できれいな水にしてから，川や海に流される。

(2) キャベツは涼しい気候のもとで育つ野菜である。夏・秋は，比較的涼しい気候の地域，冬は比較的暖かい気候の地域で盛んに栽培されている。

(3) 1962 年から 1980 年にかけて他の品目の割合が低下しているなか，イだけが2倍以上に増加していることに着目する。1970 年代の2度の石油危機で原油価格が急騰したため，輸入額が増え，他の品目の割合が低下した。アは機械類，ウは化学製品，エは食料品。

(4) 「砂留」は，土石流の被害を防ぐための砂防堰堤（さぼうえんてい）である。

(5) 「やっさだるマン」は，室町時代末期から続く，「やっさ祭り」「三原神明市(ダルマ市)」をイメージしてつくられた。

(6) 観光地のすばらしさをインターネットで海外に配信することは，観光客を呼び込むための取り組みであって，

外国人居住者が住みやすくなるまちづくりの取り組みとは関係がない。

2 (1)① 大仙古墳は古墳時代につくられた。X．誤り。縄文時代の記述。Y．誤り。弥生時代の記述。Z．正しい。渡来人によってかたい土器(＝須恵器)を焼く新しい製法がもたらされた。

② X．正しい。仏教の力で国を守ろうとする考えを鎮護国家という。Y．誤り。聖徳太子についての記述。Z．正しい。正倉院には，聖武天皇が愛用したといわれる，遣唐使を通じてもたらされた西アジアや唐の品々が収蔵されている。

③ X．正しい。猿楽や田楽の要素を取り入れながら，足利義満の保護を受けた観阿弥・世阿弥親子によって，能が大成された。Y．正しい。慈照寺銀閣は，室町時代の東山文化を代表する建築物である。銀閣と同じ敷地内にある東求堂同仁斎は書院造で知られている。Z．誤り。浄土信仰は平安時代後期に流行した。

④ X．正しい。北里柴三郎は，破傷風の血清療法やペスト菌を発見した細菌学者である。北里柴三郎は北里研究所を設立した。Y．正しい。津田梅子は，岩倉使節団とともに渡米し，留学後女子英学塾(現在の津田塾大学)を設立した。Z．誤り。渋沢栄一は，第一国立銀行・富岡製糸場をはじめ，多くの銀行や企業の設立に尽力した。『学問のすすめ』を著したのは，福沢諭吉である。

⑤ X．誤り。寺子屋は，町人や百姓の子が学ぶために，町や村で開かれたものであり，大名が設置を義務づけられたものではない。Y．正しい。参勤交代を初めて制度化したのは，3代将軍徳川家光である。Z．正しい。諸大名が請け負う土木工事は，「御手伝い普請」と呼ばれた。

⑥ X．正しい。Y．誤り。日光東照宮は栃木県日光市にある。関東を見下ろす日光に徳川家康を神(大権現)として祀り，幕府の安泰と日本の恒久平和を守ろうとした。Z．誤り。富岡製糸場は日清戦争(1894年)より前に建てられた。日清戦争の賠償金をもとに1901年に操業を開始したのは，八幡製鉄所である。

⑦ X．誤り。平清盛が貿易を行ったのは，明ではなく宋である。室町時代に足利義満が明と貿易を始めた。Y．正しい。Z．誤り。朝鮮との貿易は，対馬の宗氏が担当した。

⑧ X．誤り。天皇が国民にあたえるという形で発布された欽定憲法であった。Y．正しい。法律の範囲内で，言論・集会・出版・結社・信仰の自由，信書の秘密，所有権の不可侵などが認められていた。Z．正しい。伊藤博文が君主権の強いドイツの憲法を参考にして起草した。

⑨ X．正しい。1945年8月8日，ソ連はヤルタ会談をもとに日ソ中立条約を破って日本に宣戦布告し，満州・南樺太・千島列島へ侵攻した。Y．誤り。1950年に始まった朝鮮戦争は，アメリカとソ連の冷戦下の代理戦争である。Z．正しい。

(2) 草戸千軒町遺跡は，広島県福山市草戸町の芦田川河川敷で確認された鎌倉時代〜安土桃山時代頃の集落遺跡である。

3 (1)① X．正しい。110番通報の場合は，警察本部の通信指令室につながり，そこから警察署に指令が出る。Y．正しい。2011年6月からすべての住宅に対して住宅用火災警報器の設置が義務づけられている。

② X．誤り。日本国憲法は1946年11月3日に公布され，1947年5月3日に施行された。サンフランシスコ平和条約は1952年に発効し，日本は主権国家として独立した。Y．誤り。日本国憲法は，衆議院と参議院の各議院の総議員の3分の2以上の賛成によって憲法改正の発議が行われ，国民投票で有効投票の過半数の賛成を得られれば改正することができる。ただし，今までに改正されたことはない。

③ X．正しい。労働者には，団結権・団体交渉権・団体行動権が認められている。団結権…労働者が雇用者と対等な立場で話し合うために，労働組合をつくる権利。団体交渉権…労働組合が，雇用者と労働条件の交渉をする権

利。団体行動権…労働条件改善のために，ストライキなどのような，団体で抗議する権利。Y．正しい。日本国憲法第32条に「何人も，裁判所において裁判を受ける権利を奪われない」と記されている。

④　X．正しい。化石燃料を除く生物由来の資源による発電をバイオマス発電という。Y．誤り。日本では，火力発電が70％を超えていることは覚えておきたい。

⑤　X．誤り。建築物や絵画・文書など，形があるものは有形文化財，演劇や音楽・工芸技術など，形がないものは無形文化財に指定される。Y．正しい。

(2)①　日本国憲法前文の「日本国民は，正当に選挙された国会における代表者を通じて行動し，〜政府の行為によつて再び戦争の惨禍が起ることのないやうにすることを決意し，ここに主権が国民に存することを宣言し，この憲法を確定する。」の部分である。

②　東京と新大阪を結ぶ東海道新幹線は，1964年の東京オリンピックの開催にあわせて開通した。近畿地方では，三重県・和歌山県・奈良県は新幹線が通っていない。

③　日本全国の水道管の長さを合計すると，約74万kmになる。

広島大学附属福山中学校

=== 《国 語》 ===

問題非公開のため掲載しておりません。

=== 《算 数》 ===

1　(1)$\frac{23}{28}$　(2)43, 45　(3)152, 7：5　(4)18.75　(5)(ア)36.4　(イ)36.3　(ウ)36.2

(6)(ア)29.7　(イ)48.45　(7)(ア)12.9　(イ)11.1

2　(1)(ア)225　(イ)202　(ウ)6　(2)2089, 2099　(3)①10　②(ア)2030　(イ)2042

3　(1)57　(2)324　(3)32　(4)113

=== 《理 科》 ===

1　(1)しん食　(2)ア　(3)イ　(4)X.れき　Y.砂　Z.どろ　(5)ハザードマップ　(6)砂防ダム　(7)ア, エ

2　(1)食物連さ　(2)ウ　(3)エ　(4)イ, エ　(5)①イ　②エ　③ア　④ウ　(6)消化管

3　(1)ア, ウ, エ, オ, カ　(2)オ　(3)①ウ　②ア, オ　③イ, カ　④×　⑤エ　(4)ア, カ

4　(1)イ　(2)電子てんびんに空になった容器①を乗せる。　(3)とけきった食塩の量は同じである

(4)水を蒸発させる　(5)ア, イ, エ

=== 《社 会》 ===

1　(1)①い　②う　③い　④い　(2)①あ　②う　③い　④え　(3)①う　②あ　③い　④う　(4)100

2　(1)い　(2)あ　(3)え　(4)い

3　(1)あ　(2)え　(3)か　(4)う　(5)お　(6)く　(7)く　(8)あ

4　(1)い　(2)う　(3)あ　(4)え

—《2023　算数　解説》—

1 (1) 与式 $=\dfrac{3}{2}\times\dfrac{7}{6}-\dfrac{63}{70}+\dfrac{80}{70}\times\dfrac{5}{11}=\dfrac{7}{4}-\dfrac{7}{70}\times\dfrac{143}{70}\times\dfrac{5}{11}=\dfrac{7}{4}-\dfrac{13}{14}=\dfrac{49}{28}-\dfrac{26}{28}=\dfrac{23}{28}$

(2)　**【解き方】**同じ道のりを進むときにかかる時間の比は，速さの比の逆比に等しくなることを利用する。

分速 $100\,\mathrm{m}$ =時速 $\dfrac{100\times60}{1000}\,\mathrm{km}$ =時速 $6\,\mathrm{km}$ だから，AさんとBさんの速さの比は，$6:16=3:8$ である。

したがって，かかる時間の比は $8:3$ だから，求める時間はAさんがかかる時間の $\dfrac{8-3}{8}=\dfrac{5}{8}$ (倍)である。

よって，$\dfrac{7}{6}$ 時間後 $\times\dfrac{5}{8}=\dfrac{35}{48}$ 時間後 $=(\dfrac{35}{48}\times60)$ 分後 $=\dfrac{175}{4}$ 分後 $=43\dfrac{3}{4}$ 分後 $=43$ 分 $(\dfrac{3}{4}\times60)$ 秒後 $=\mathbf{43}$ **分** $\mathbf{45}$ **秒後**

(3)　みかんの個数は，$184\times\dfrac{19}{23}=\mathbf{152}$ (個)

72個ずつ減らしたときの個数の比は，$(184-72):(152-72)=112:80=\mathbf{7}:\mathbf{5}$

(4)　**【解き方】**約分を利用して，計算の手間を減らす。

プールの水の体積は，$25\times15.7\times1.2=25\times157\times0.12(\mathrm{m}^3)$，農業用貯水タンクの水の体積は，$10\times10\times3.14\times8=314\times8(\mathrm{m}^3)$ だから，求める割合は，$\dfrac{25\times157\times0.12}{314\times8}\times100=\dfrac{75}{4}=\mathbf{18.75}$ (%)

(5)　データを小さい順に並べると，右図のようになる。

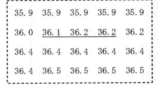

35.9	35.9	35.9	35.9	35.9
36.0	<u>36.1</u>	<u>36.2</u>	<u>36.2</u>	36.2
36.4	36.4	36.4	36.4	36.4
36.4	36.5	36.5	36.5	36.5

最頻値は最も個数が多い値だから，**36.4**℃である。

20個のデータの中央値は，$20\div2=10$ より，大きさ順に並べたときの10番目と11番目の値の平均だから，$(36.2+36.4)\div2=\mathbf{36.3}$ (℃)

平均値は 36.0℃を基準にして考える。5個ある 35.9℃は，下線部の3個のデータから 0.1℃を5つ取り出して 35.9℃にわりふることで，5個の 36.0℃にできる。36.0℃より大きいデータは，36.0℃と 36.0℃より大きい部分に分けて考えると，20個のデータの合計は，

$36.0\times20+0.2\times1+0.4\times6+0.5\times4=724.6$ (℃)　平均値は，$724.6\div20=36.23$ より，約 **36.2**℃である。

(6)　斜線部分の周りの長さのうち直線部分の長さは，

(長方形の周りの長さ)-(各円の半径の2倍)=$(8+9)\times2-(1+2+3+4)\times2=34-20=14$ (cm)

曲線部分の長さは，各円の周の $\dfrac{1}{4}$ の長さの和だから，$(1+2+3+4)\times2\times3.14\times\dfrac{1}{4}=5\times3.14=15.7$ (cm)

よって，斜線部分の周りの長さは，$14+15.7=\mathbf{29.7}$ (cm)

斜線部分の面積は，(長方形の面積)-(各円の面積の $\dfrac{1}{4}$)=$8\times9-(1\times1+2\times2+3\times3+4\times4)\times3.14\times\dfrac{1}{4}=72-\dfrac{15}{2}\times3.14=\mathbf{48.45}$ (cm²)

(7)　**【解き方】**右図のように記号をおく。AD+BCの長さは，IL+JK-(IA+DL+JB+CK)で求められる。

正方形の面積から，台形ABCDと台形EFGHの面積を引くと，▨の面積の和から▦の面積を引いた値と等しくなる。

AD+BC=$6\times2-(2.5+2.3+1.7+1.2)=4.3$ (cm)だから，

台形ABCDの面積は，$4.3\times6\div2=\mathbf{12.9}$ (cm²)

同様に，EF+GH=$6\times2-(2.2+2.8+1.6+1.4)=4$ (cm)だから，

台形EFGHの面積は，$4\times6\div2=\mathbf{12}$ (cm²)

よって，▨の面積の和は▦の面積より，$6\times6-12.9-12=\mathbf{11.1}$ (cm²)大きい。

2 (1)　$2025\div9=\mathbf{225}$　　$2026\div10=\mathbf{202}$ 余り **6**

⑵　【解き方】余りが 18 以上になるのは割る数が 19 以上のときである。

2023 以上 2099 以下の数において各位の数の和が 19 以上になるとき，十の位と一の位の数の和は 19－2＝17 以上だから，十の位の数と一の位の数は 8 と 9，または 9 と 9 である。そのような数は，2089，2098，2099 である。2089÷19＝109 余り 18 だから，余りが 18 以上になる。2098÷19＝110 余り 8 だから，余りが 18 以上にならない。2099÷20＝104 余り 19 だから，余りが 18 以上になる。よって，求める数は 2089，2099 である。

⑶①　【解き方】2023÷255＝7 余り 238，2099÷255＝8 余り 59 だから，商が 255 以上になる数は，各位の数の和が 8 の数の一部と，各位の数の和が 7 以下のすべての数である。

①各位の数の和が 8 になる数

　255×8＝2040 だから，各位の数の和が 8 になる数については，2040 以上 2099 以下の<ruby>範囲<rt>はんい</rt></ruby>で考える。

　十の位の数と一の位の数の和が 8－2＝6 になればよいから，2042，2051，2060 の 3 個ある。

②各位の数の和が 7 になる数

　十の位の数と一の位の数の和が 7－2＝5 になればよいから，2023，2032，2041，2050 の 4 個ある。

③各位の数の和が 6 になる数

　十の位の数と一の位の数の和が 6－2＝4 になればよいから，2031，2040 の 2 個ある。

④各位の数の和が 5 になる数

　十の位の数と一の位の数の和が 5－2＝3 になればよいから，2030 の 1 個ある。

⑤各位の数の和が 4 以下になる数はない。

以上より，求める個数は，3＋4＋2＋1＝10（個）

②　商が最も大きくなるのは，割る数が最も小さい 5 のときだから，2030 である。

商が最も小さくなるのは，割る数が最も大きい 8 の数のうち，割られる数が最も小さいときだから，2042 である。

3　⑴　コインは時計まわりに 6 まで動いてから，反時計まわりに 10 まで動いた。よって，通ったマスの数の和は，（1＋2＋3＋4＋5）×2＋6＋11＋10＝30＋27＝57

⑵　【解き方】コインが時計まわりに動くときも反時計まわりに動くときも，移動を始めた位置に関係なく，12 マス動くごと，つまり 1 周するごとに，通ったマスの数の和は，1＋2＋3＋4＋5＋6＋7＋8＋9＋10＋11＝66 増える。

43÷12＝3 余り 7 より，時計まわりに 3 周と 7 マス動き，20÷12＝1 余り 8 より，反時計まわりに 1 周と 8 マス動く。周回したのは合計 3＋1＝4（周）であり，これを計算に入れないと，時計まわりに 7 マス，反時計まわりに 8 マス動いたのだから，通ったマスの数の和は，（1＋2＋3＋4＋5＋6）×2＋7＋11＝60 となる。

よって，求める和は，66×4＋60＝324

⑶　【解き方】⑵をふまえる。318÷66＝4 余り 54 より，コインは合計 4 周したことになる。

27÷12＝2 余り 3 より，時計まわりに 2 周と 3 マス動いた。したがって，反時計まわりに 4－2＝2（周）と△マス動いた。時計まわりに 3 マス動き，反時計まわりに△マス動くと，通ったマスの数の和が 54 になるのだから，反時計まわりに△マス動いたときに通ったマスの数の和は，54－（1＋2＋3）＝48 である。

2＋1＋11＋10＋9＋8＋7＝48 だから，反時計まわりに 7 のマスまで動いたので，△に入る数は 8 である。

よって，実際には，反時計まわりに，12×2＋8＝32（マス）動いた。

⑷　【解き方】⑵をふまえる。736÷66＝11 余り 10 より，コインは合計 11 周したことになる。

23÷12＝1 余り 11 より，反時計まわりに 1 周と 11 マス動いたが，反時計まわりに 11 マス動くと通ったマスの数

の和は明らかに下線部の「余り10」より大きくなる。したがって，反時計まわりに11マス動いたぶんを時計まわりに1マス動いたぶんと合わせて1周ぶんと計算できるので，時計まわりに11－1－1＝9（周）と○マス動いたと考えることができる。時計まわりに○マス動いたあと，反時計まわりに11マス動いて○のとなりのマスまでくるので，時計まわりに○の1つ手前のマスまで動いた時点での，通ったマスの数の和が，「余り10」と等しくなる。1＋2＋3＋4＝10だから，○に入る数は5である。

よって，実際には，時計まわりに，12×9＋5＝113（マス）動いた。

━《2023　理科　解説》━

1 (2)　川の曲がっているところでは，外側の方が内側よりも流れがはやい。このため，外側はしん食のはたらきが大きくがけになりやすいが，内側はたい積のはたらきが大きく川原になりやすい。図1では，北の山から南の海に向かって川が流れているので，右が東，左が西である。よって，流れがはやいのは川の東側で，川原が広がっているのは川の西側である。

(3)　(2)解説より，川の流れがはやいカーブの外側では，川岸がしん食されるのを防ぐために，コンクリートブロックで固められていると考えられる。

(4)　れき（直径2mm以上），砂（直径0.06mm〜2mm），どろ（直径0.06mm以下）はつぶの大きさで区別する。つぶが小さいほど，河口からはなれたところまで運ばれてたい積するので，Xがれき，Yが砂，Zがどろである。

(7)　ア×…特別警報が出たときは，ただちに命を守る行動をとる。　エ×…台風の目に入っても，またすぐに暴風域に入る可能性が高いので，外に出ない方がよい。

2 (2)　ウ×…食べる・食べられるの関係は，土の中にすむ自然の生物にもみられる。

(3)　全身を流れてきた血液は，大静脈（a）→右心房→右心室→肺動脈（c）→肺→肺静脈（d，e）→左心房→左心室→大動脈（b）の順に流れ，再び全身へ送られる。

(4)　魚の血管では，心臓を通って勢いよく送り出された血液は，えらで酸素と二酸化炭素を交かんしてから全身へ送られる。よって，A，C，D，Eでは②の向きに，Bでは①の向きに血液が流れ，A，Eでは酸素が多く，B，C，Dでは二酸化炭素が多い血液が流れている。

(5)　じん臓はかん臓や胃よりも下にあるので，上から②エ→③アの順である。

3 (1)　AとBまたはBとCをつなぐと「あ」，AとDまたはCとDをつなぐと「い」のかん電池とつながった回路になり，BとDをつなぐと「あ」と「い」のかん電池が直列につながった回路になる。

(2)　直列につないだかん電池の数が多いほど，豆電球は明るく点灯するので，最も明るく点灯したのはかん電池が直列につながれたオである。

(3)　AとBまたはBとDをつなぐと「あ」，AとCまたはCとDをつなぐと「い」のかん電池とつながった回路になり，BとCをつなぐと「あ」と「い」のかん電池が直列につながった回路になる。また，AとDをつなぐと，導線だけがつながった回路になり，豆電球は点灯しない。

(4)　(3)で豆電球が点灯したア，イ，エ，オ，カのうち，aが「あ」の＋か「い」の＋とつながることになるア，カが正答となる。

4 (1)　食塩がとけてもや状になったものは周りの水よりも重いので，下に落ちていく。もや状のものは下にいくにつれてうすくなっていく。

(2)　実験2では，食塩を水にとかす前の重さと食塩を水にとかした後の重さを比べるので，食塩を水にとかす前と後で，

食塩を水にとかすこと以外の条件を同じにしなければならない。図2では，食塩を水にとかした後の電子てんびんに容器①を乗せていないので，食塩を水にとかした後の全体の重さを正しくはかることができない。

(3) 表より，20℃，40℃，60℃のときのとけきった食塩の量は，すべてすり切り6はいまでで同じである。

(4) 食塩は温度によって水にとける量がほとんど変わらないので，食塩水から水にとけた食塩をとり出すときは，加熱して水を蒸発させる方法が適している。

(5) ウ×…時間がたっても，食塩水はすき通ったままで，にごることはない。　オ×…青色リトマス紙を赤色にするのは酸性の水よう液である。食塩水は中性である。

── 《2023　社会　解説》 ══════════

1 (1)① A（応仁の乱　1467年）→C（長篠の戦い　1575年）→B（関ヶ原の戦い　1600年）　② 関ヶ原の戦いは現在の岐阜県不破郡関ケ原町，長篠の戦いは現在の愛知県新城市でおこった。　③ あ．正しい。細川氏と山名氏の幕府内での勢力争いや，8代将軍であった足利義政の跡継ぎ争いなどを理由として始まったのが応仁の乱であり，この戦いの後，京都は荒廃し，全国各地で下剋上の風潮が広まって戦国時代が始まった。　い．誤り。最初の武家諸法度が定められたのは1615年の元和令であり，徳川家康の命令によって2代将軍徳川秀忠が発布した。また，参勤交代の制度が武家諸法度に追加されたのは，3代将軍徳川家光の頃の寛永令(1635年)である。　う．正しい。長篠の戦い以降，織田信長は安土城を築いて全国統一を目指したが，家臣の明智光秀に攻められ自害し（本能寺の変），その後，信長が果たせなかった全国統一を実現したのが同じく信長の家臣であった豊臣秀吉である。

④ あは源氏が平氏を滅ぼした戦い，いは日本を服属させようとした元と鎌倉幕府との戦い，えは弾圧に苦しんだキリシタンと江戸幕府との戦いである。

(2)① A（刀狩令　安土桃山時代）→B（絵踏　江戸時代）→C（富国強兵　明治時代）　② A．農民から刀などの武器を取り上げる刀狩は，方広寺の大仏をつくるための釘にするという名目のもと，豊臣秀吉が進めた。これによって，武士と農民の身分差がはっきりと区別されるようになり，兵農分離が進んだ。　B．徳川家康はキリスト教の日本への影響よりも貿易の利益を優先していたが，3代将軍徳川家光の頃になると，キリシタン（キリスト教徒）の増加がヨーロッパによる日本侵略のきっかけとなり，また神への信仰を何よりも大事とする教えが幕府の支配のさまたげになると考え，キリスト教が禁止された。本居宣長は国学を研究し，『古事記伝』を著した人物。
C．薩摩藩出身の大久保利通は，西郷隆盛らとともに江戸幕府の倒幕運動を行い，明治新政府の中心人物となった。土佐藩出身の坂本龍馬は薩長同盟の仲立ちなどを行ったが，明治政府樹立前に暗殺された。　③ あ．正しい。②の解説参照。　い．誤り。絵踏みの目的については②の解説参照。鎖国政策のもと，キリスト教の布教活動をしないキリスト教（プロテスタント）の国であるオランダとは，長崎の出島でのみ貿易を行っていた。　う．正しい。　④ え．誤り。歌川広重らの浮世絵がマネやゴッホに影響を与えた。ゴッホの『タンギー爺さん』の背景に浮世絵が描かれていることは有名である。

(3)① B（1858年）→A（1914年）→C（1950年代後半から1970年代前半）　② B．1853年のペリー来航をきっかけに江戸幕府による鎖国が終わり，欧米諸国と通商条約を結ぶこととなった。解体新書は杉田玄白や前野良沢らがオランダ語で書かれた解ぼう書を翻訳したものである。　C．高度経済成長期の1968年，日本は国民総生産（GNP）が資本主義国の中で第2位となった。足尾銅山鉱毒事件は明治時代後期に起きた事件である。

③ い．誤り。欧米諸国との貿易が始まったことによって，国内では品不足となり，物価が急に上がった。

④ 江戸時代の幕末に欧米諸国との貿易が始まって以来，日本の輸出品は生糸が第1位であり，欧米製の機械を導

入した大工場での生産が行われ，日露戦争後には世界最大の生糸輸出国となった。表をみると，**あ**と**う**が生糸の割合が多いので輸出，**い**と**う**が輸入であると判断できる。また，総額では**あ**と**え**が多く，**い**と**う**が少ないので，**あ**＝1910年の輸出，**い**＝1890年の輸入，**う**＝1890年の輸出，**え**＝1910年の輸入である。

2 (1) A県は宮城県で仙台市，B県は秋田県で秋田市，C県は長野県で長野市，D県は長崎県で長崎市である。

(2) **あ**．夏の降水量が比較的多く，冬の気温が低いことから東北地方の太平洋側の気候なので，仙台市である。**い**．比較的温暖で夏の降水量が多いことから，九州地方の太平洋側の気候なので，長崎市である。**う**．年降水量が少なく，冬に冷えこむことから，内陸の気候の長野市である。**え**．冬の降水量が比較的多く，気温も低いことから東北地方の日本海側の気候なので，秋田市である。

(3) 長野県はブドウが全国第2位，モモが全国第3位の生産量である。**あ**は秋田県，**い**は長崎県，**う**は宮城県についての記述。

(4) **い**．白神山地は秋田県と青森県にまたがっている。**あ**．知床半島は北海道にある。**う**．白川郷・五箇山の合掌造り集落は岐阜県と富山県にある。**え**．原爆ドームは広島県にある。

3 (1) 3R…リデュース：ゴミの発生を抑制すること　リユース：そのままの形体でくり返し使用すること　リサイクル：資源として再び利用すること

(3) C．日本の海岸線の長さは約35000km（世界第6位），オーストラリアの海岸線の長さは約25000km（世界第7位）である。

(4) A．野菜の生産額は北海道，茨城県などで多い。　B．カントリーエレベーターは生産者が共同利用する大型倉庫である。

(5) B．ラムサール条約は，「特に水鳥の生息地として国際的に重要な湿地に関する条約」ともいい，日本では，琵琶湖・藤前干潟・釧路湿原などがラムサール条約に登録されている。

(6) A．いけすの中で魚を育てるのは養殖漁業である。栽培漁業は魚の卵をかえし，育てた稚魚を放流する漁業である。　B．沿岸漁業についての説明である。　C．漁業生産額が最も多いのは北海道である。静岡県の焼津港は全国主要港の中で水揚金額が最も多い。

(7) A．北関東など，高速道路が整備された地域でも多く生産されている。　B．日本の自動車の輸出台数はアメリカ，オーストラリア，中国などで多い。　C．自動車の組立工場だけでなく，製造業では，貿易摩擦の解消や，安い人件費を求めて，海外に工場を移す動きが見られる。ヨーロッパへの輸出量は比較的少ない。

(8) B．鉄鋼は日本の主要輸出品の1つである。　C．原油の輸入の多くは，サウジアラビアなどの中東諸国から大型タンカーで運ばれる。

4 (1) A．日本憲法の公布は1946年11月3日，施行は1947年5月3日である。1951年はサンフランシスコ平和条約や日米安全保障条約が結ばれた年である。　B．日本国憲法は一定の条件のもと，改正することができる。

(2) C．衆議院と貴族院で構成されていたのは，明治憲法下の国会である。　D．国会では通常の議決は出席議員（総議員の3分の1以上）の過半数で行われる。特別多数決は出席議員の3分の2以上，憲法改正の発議は総議員の3分の2以上の賛成が必要である。全員一致で決定するのは内閣の閣議などがある。

(3) 3回まで裁判が受けられることを三審制という。

(4) 憲法第1条は国民主権，象徴天皇制について記されている。

★ 広 島 大 学 附 属 福 山 中 学 校

═══════════════ 《国　語》 ═══════════════

問題非公開のため省略

═══════════════ 《算　数》 ═══════════════

1 (1)$2\frac{17}{30}$　(2)24.5　(3)(ア)151　(イ)200　(4)(ア)31.4　(イ)31.4　(5)6.5

(6)①28　②(ア)6　(イ)8　③22

2 (1)(ア)8　(イ)28　(2)12, 30, 48　(3)9, 36, 90

3 (1)①(ア)4　(イ)2　(ウ)1　②(ア)3　(イ)5　(ウ)0　(エ)8　(オ)1　(カ)0　(キ)3　(ク)1　(ケ)3

(2)(ア)3　(イ)11　(ウ)10　(エ)15　(オ)11　(カ)2

═══════════════ 《理　科》 ═══════════════

1 (1)ウ　(2)イ　(3)g　(4)エ　(5)位置…e　見え方…ウ　(6)ア

2 (1)1.2　(2)A．×　B．○　C．○　(3)エ　(4)A．イ　B．ア　C．ウ　D．ア　(5)ア, オ

3 (1)A．炭酸水　E．石灰水　(2)手であおぐようにする　(3)ウ　(4)C．アンモニア水　D．塩酸

4 (1)薬品…ヨウ素液　色…青むらさき　(2)エ　(3)イ　(4)A．イ　B．ア　C．ア　D．イ　(5)消化

(6)カ　(7)ウ

═══════════════ 《社　会》 ═══════════════

1 問1．え　問2．あ　問3．あ　問4．い　問5．い　問6．(1)え　(2)い　(3)う　(4)う

2 (1)け　(2)あ　(3)え　(4)お

3 問1．(1)あ　(2)え　(3)う　(4)え　(5)い　(6)い　問2．(1)あ　(2)う　(3)か　(4)え

4 問1．(1)主権　(2)い　(3)う　問2．(1)う　(2)う　(3)あ

━《2022 算数 解説》━

1 (1) 与式 $= \frac{9}{10} + \frac{11}{8} \div (\frac{6}{5} - \frac{3}{8}) = \frac{9}{10} + \frac{11}{8} \div (\frac{48}{40} - \frac{15}{40}) = \frac{9}{10} + \frac{11}{8} \div \frac{33}{40} = \frac{9}{10} + \frac{11}{8} \times \frac{40}{33} = \frac{9}{10} + \frac{5}{3} = \frac{27}{30} + \frac{50}{30} = \frac{77}{30} = 2\frac{17}{30}$

(2) 9310 ㎤ $=$ (9310÷1000) L $=$ 9.31 L だから，□$=$ 9.31÷0.38$=$24.5(L)

(3) 【解き方】上から2けたのがい数にして160になる数は，155以上165未満の数である。

5日間の合計回数は，155×5$=$775(回)以上，165×5$=$825(回)未満になる。5日目を除く4日間の合計は，145＋166＋151＋162$=$624(回)だから，5日目にあてはまる回数は，775－624$=$151(回)以上，825－624$=$201(回)未満になる。なわとびの回数は整数だから，もっとも小さい数は (ア)151 回，もっとも大きい数は (イ)200 回である。

(4) 【解き方】まわりの長さは，直径が6＋4$=$10(cm)の半円，直径が6cmの半円，直径が4cmの半円のそれぞれの曲線部分の長さの和を求める。ななめの線をつけた図形の面積は，直径が10cmの半円の面積と直径が4cmの半円の面積の和から，直径が6cmの半円の面積を引いて求める。

まわりの長さは，10×3.14÷2＋6×3.14÷2＋4×3.14÷2$=$(5＋3＋2)×3.14$=$10×3.14$=$31.4(cm)

面積は，5×5×3.14÷2＋2×2×3.14÷2－3×3×3.14÷2$=$($\frac{25}{2}$＋2－$\frac{9}{2}$)×3.14$=$10×3.14$=$31.4(㎠)

(5) 【解き方】水が入っていない部分の方が少ないから，水の入っていない部分を調べる。⑤の面の面積は，6×9－3×(9－3－3)$=$45(㎠)だから，この容器の水が入っていない部分の容積は，45×(6－4)$=$90(㎤)である。

⑥の面を下にして水平に置いたときの上から3cmまでの部分の容積は，6×6×3$=$108(㎤)だから，水面は深さが6cmから9cmの間にある。⑥の面の面積は6×6$=$36(㎠)だから，上から90÷36$=$2.5(cm)までが水の入っていない部分である。よって，水面の高さは，9－2.5$=$6.5(cm)

(6)① 【解き方】点Pと点Qが重なるのは，辺BC上だけである。点Qの方が点Pより84cm多く進むと，辺BC上で2点が重なる。

点Pと点Qの1秒あたりに進む道のりの差は，7－4$=$3(cm)だから，84cmの差がつくまでに，84÷3$=$28(秒)かかる。よって，求める時間は28秒後である。

② 【解き方】点Qが1周目で重なるとき，点Qが速いほど重なるまでの道のりは短く，点Qが遅いほど重なるまでの道のりは長くなる。速さの比は，同じ時間で進む道のりの比に等しい。

点Qの速さが最小になるのは，点Cで重なるときである。このとき，点Pと点Qが進む道のりの比は2：3だから，点Qの速さは，秒速($4 \times \frac{3}{2}$)cm$=$秒速 (ア)6 cm

点Qの速さが最大になるのは，点Bで重なるときである。このとき，点Pと点Qが進む道のりの比は1：2だから，点Qの速さは，秒速($4 \times \frac{2}{1}$)cm$=$秒速 (イ)8 cm

③ 【解き方】②をふまえる。点Qが1周目で点Pと重なると，点PがCを通過するまでに点Qはもう1周できないから，点Qが2回重なるためには，点Qが2周目以降に点Pと初めて重なり，その次の周で2回目に点Pと重なる必要がある。

点Qが2周目に，点Pと点Bで重なるとき，進んだ道のりの比は1：6だから，点Qの速さは秒速(4×6)cm$=$秒速24cmである。点Qが2周目に，点Pと点Cで重なるとき，進んだ道のりの比は2：7だから，点Qの速さは秒速($4 \times \frac{7}{2}$)cm$=$秒速14cmである。つまり，点Qが秒速14cm以上秒速24cm以下で進めば，点Qの2周目に点Pは点Pとはじめて重なる。

点Qが3周目に，点Pと点Cで重なるとき，進んだ道のりの比は2：11だから，点Qの速さは秒速($4 \times \frac{11}{2}$)cm$=$

秒速22㎝である。これは，秒速14㎝以上秒速24㎝以下にあてはまるから，あてはまるもっとも小さい数は

秒速22㎝で移動するときである。

2 (1) 【解き方】n，kを整数とするとき，分母をnとすると，分母のnと約分して整数になる分数の分子は，

n×kと表せる。このとき，n×k＋n＝36だから，n×（k＋1）＝36である。

k＋1は2以上の36の約数だから，k＋1は，{2，3，4，6，9，12，18，36}があてはまる。

このとき，それぞれのkの値に対するnは1つずつあるから，整数になおすことができる分数は8個ある。

約分して$\frac{2}{7}$になる分数は，mを整数として，$\frac{2×m}{7×m}$と表せる。2×m＋7×m＝36が成り立つから，

9×m＝36　　　m＝4　　　分母と分子の和が36で約分して$\frac{2}{7}$になる分数は，$\frac{2×4}{7×4}＝\frac{8}{28}$だから，

左から28番目にある。

(2) 【解き方】分母と分子の和が120で，左から72番目にある分数は，$\frac{120－72}{72}＝\frac{48}{72}＝\frac{2}{3}$である。

$\frac{2}{3}$とかけて整数になる分数は，これ以上約分できない状態まで約分したとき，3の倍数または$\frac{3×（整数）}{2}$と表せる。

このような数は，$\frac{3}{2}$，$3＝\frac{3}{1}$，$\frac{9}{2}$，$6＝\frac{6}{1}$，$\frac{15}{2}$，$9＝\frac{9}{1}$，$\frac{21}{2}$，$12＝\frac{12}{1}$，…である。

(1)の解き方をふまえ，mが整数になるものを探すと，3×m＋2×m＝120　　　5×m＝120　　　m＝24

同様にして考えると，（3＋1）×m＝120より，m＝30　　　（9＋1）×m＝120より，m＝12がみつかる。

よって，求める分数は$\frac{9×12}{1×12}＝\frac{108}{12}$，$\frac{3×30}{1×30}＝\frac{90}{30}$，$\frac{3×24}{2×24}＝\frac{72}{48}$だから，左から12番目，30番目，48番目にある。

(3) 【解き方】分母と分子の和が120で，左から45番目にある分数は，$\frac{120－45}{45}＝\frac{75}{45}＝\frac{5}{3}＝1\frac{2}{3}$だから，和が整

数になる分数は，約分すると$\frac{（3の倍数）＋1}{3}$になる。

約分して$\frac{（3の倍数）＋1}{3}$になる分数は，$\frac{1}{3}$，$\frac{4}{3}$，$\frac{7}{3}$，$\frac{10}{3}$，…である。

(1)(2)の解き方をふまえると，（1＋3）×m＝120より，m＝30　　　（7＋3）×m＝120より，m＝12

（37＋3）×m＝120より，m＝3がみつかる。

よって，求める分数は$\frac{37×3}{3×3}＝\frac{111}{9}$，$\frac{7×12}{3×12}＝\frac{84}{36}$，$\frac{1×30}{3×30}＝\frac{30}{90}$だから，左から9番目，36番目，90番目にある。

3 (1)① 【解き方】小数点以下に着目する。1.5mの板と2mの板を使って表せる長さの小数第一位は0または5で，

1.2mの板を使って表せる長さの小数第一位は偶数だから，小数第一位が8になるためには，1.5mと2mの板の長

さの和の小数第一位は0，1.2mの板の長さの和の小数第一位は8になればよい。

1.2mの板を□枚，1.5mの板を○枚，2mの板を△枚使うとする。1.2にかけて小数第一位が8になる数は4と9

である。9.8÷1.2＝8余り0.2より，1.2mの板は8枚までしか使えないから，□＝4が決まる。

□＝4のとき，1.5×○＋2×△＝9.8－1.2×4＝5　　　これを満たす○と△は，○＝2，△＝1である。

よって，1.2mの板を4枚，1.5mの板を2枚，2mの板を1枚使えばよい。

② 【解き方】1.2×□＋1.5×○＋2×△＝11.1について，①と同様に考える。

1.2mの板の長さの和の小数第一位が6，1.5mの板の長さの和の小数第一位が5のとき，小数第一位は1になる。

これによって，□＝3または8，○＝奇数が決まる。

□＝3のとき，1.5×○＋2×△＝11.1－1.2×3＝7.5　　　これを満たす○と△に，○＝1，△＝3が見つかる。

ここで，2mの板3枚の長さと1.5mの板4枚の長さが同じだから，○＝5，△＝0もある。

□＝8のとき，1.5×○＋2×△＝11.1－1.2×8＝1.5　　　これを満たす○と△は，○＝1，□＝0である。

よって，（1.2m，1.5m，2m）の板の枚数は，（3，5，0）（8，1，0）（3，1，3）が考えられる。

(2) 【解き方】(1)との違いは2mと1mの板だけだから(1)をふまえて考える。2mの板1枚と1mの板2枚，

1.2mの板5枚と1.5mの板4枚と1mの板6枚，1.5mの板2枚と1mの板3枚が同じ長さである。

(1)の結果をもとに，２ｍの板１枚を１ｍの板２枚に交換して，４つの辺の板の使い方を考えると，右表のようになる。

最も少なくなるのは，右表の◎印をつけた場合で，１ｍの板は３枚，1.2ｍの板は11枚，1.5ｍの板は10枚である。

最も多くなるのは，右表の☆印をつけた場合で，１ｍの板は15枚，1.2ｍの板は11枚，1.5ｍの板は２枚である。

	1.2m	1.5m	1 m	枚数
直線ＢＣ	4	1	0	5◎☆
直線ＡＢ	4	2	2	8◎
	4	0	5	9☆
直線ＣＤ	3	5	0	8◎
	3	1	6	10☆
	3	3	3	9
	8	1	0	9
直線ＡＤ	0	0	4	4☆
	0	2	1	3◎

── 《2022　理科　解説》 ────

1　(1)　ａの位置にあるボールは右側半分が光って見える。これは上弦(げん)の月で，夕方，真南の空でウのように見える。

(2)(4)(6)　月は，新月（ｃ）→三日月（ｂで約３日後）→上弦の月（ａで約７日後）→満月（ｇで約 15 日後）→下弦の月（ｅで約 22 日後）→新月（ｃで約 29.5 日後）の順に満ち欠けする。

(3)　日ぼつのころ，月が東からのぼってくるとき，観察者から見て太陽と月が反対の方向にあるので，月の形は満月である。よって，ｇが正答となる。

(5)　日の出のころ，真南に見える月は下弦の月（ｅ）である。下弦の月は南の空で左側半分が光って見える。

2　(1)　電流計の－たんしは５Ａのたんしにつながれているので，最大目盛りが５Ａ，１目盛りが 0.1Ａである。よって，流れている電流は 1.2Ａである。

(2)　Ａ×…エナメル線の長さの条件を同じにするため，余ったエナメル線はたばねて残しておく。　Ｂ○…電流を流したままにすると，コイルが発熱して危険である。　Ｃ○…電流計の値が予想できないときは，最初に最も大きい電流がはかれるたんしにつなぐ。

(3)　コイルの巻き数が多く，コイルに流れる電流が大きいほど電磁石は強くなる。かん電池を２個直列につなぐと，かん電池が１個のときよりも，コイルに流れる電流が大きくなる。よって，電磁石の強さが最も強かったのは，コイルの巻き数が 100 回でかん電池が２個直列の④である。

(4)　Ａ．①と②はかん電池の数の条件だけが異なるので，コイルに流れる電流の大きさと電磁石の強さの関係がわかる。　Ｂ，Ｄ．①と③，②と④はコイルの巻き数の条件だけが異なるので，コイルの巻き数と電磁石の強さの関係がわかる。　Ｃ．①と④は２つの条件が異なるので，アやイの関係はわからない。

(5)　ア○，イ×，ウ×…スイッチを入れるとコイルにだけ電流が流れて，磁石の性質をもつ。鉄くぎには電流が流れない。　エ×，オ○…電磁石にもＮ極とＳ極があり，コイルに流れる電流の向きを変えると，電磁石の極が入れかわる。

3　(1)　実験１より，あわが出ていたＡは，気体の二酸化炭素がとけている炭酸水とわかる。また，実験２より，炭酸水を通すと白くにごったＥは石灰水とわかる。

(3)(4)　実験３より，つんとしたにおいがしたＣとＤはアンモニア水か塩酸である。実験４でＣは赤色リトマス紙が青色になり，Ｄは青色リトマス紙が赤色になったので，Ｃはアルカリ性のアンモニア水，Ｄは酸性の塩酸とわかる。なお，実験５ではＣとＤの結果が同じなので，ＣとＤがどの水溶液かを決められない。

4　(1)　ヨウ素液はでんぷんにつけると青むらさき色に変化する。

(2)　実験１の②では，葉のアルミニウムはくを外したｂと葉をアルミニウムはくでおおったままのｃに日光を当てて，でんぷんができるかどうかを調べている。③では，葉に日光が当たっていたｂだけにでんぷんがみられたので，インゲンマメの葉に日光が当たると，でんぷんができることがわかる。

(3) だ液は体温に近い温度(40℃)で最もよくはたらく。

(4) dでは，だ液のはたらきででんぷんが別のものに変化したので，ヨウ素液の色は変化しなかったと考えられる。一方，eでは，水にでんぷんを変化させるはたらきはないので，でんぷんが変化せずに残っていて，ヨウ素液は青むらさき色に変化したと考えられる。

(6)(7) 消化された養分は主に小腸で吸収され，血液によって肝臓に運ばれてたくわえられる。

─《2022　社会　解説》─

1 問1 「え」が誤り(右図参照)。

問2 「あ」が誤り。2019年の野菜の生産額は，関東地方が5826億円，中国地方が896億円なので，近郊農業の盛んな関東地方の方が多い。

問3 「あ」が誤り。農薬を使わないのは，米の消費量を増やすためである。また，農薬を使わないと，安全な米が実るが病害虫や雑草の被害によって収穫量は減少する。

問4 「い」が誤り。鉄鋼業や石油工業でつくられた製品の大半は国内で消費されているため，「製品のほとんどが輸出されている」が不適切。

問5 「い」が誤り。ウランやプルトニウムを利用した原子力発電は再生可能エネルギーではない。再生可能エネルギーは半永久的に使えるエネルギーを指す。

問6(1) 「え」を選ぶ。　A．2019年の米の自給率は97%で，100%未満である。1993年には冷夏の影響で不作となり，タイ米やカリフォルニア米が緊急輸入された。　B．日本産のくだものや畜産物は外国へ輸出されている。

(2) 「い」を選ぶ。　B．約50%が天然林，約40%が人工林，約10%が無立木地である。　(3) 「う」を選ぶ。A．誹謗中傷や個人情報などをインターネット上に書いてはならない。情報の拡散力があるため，情報モラルを意識して正しく活用しよう。　(4) 「う」を選ぶ。　A．災害記念碑がある地域でも災害が発生する。そのため，教訓を踏まえた的確な防災行動による災害被害の軽減が目指されている。

2 (1) 「原子爆弾が投下された」「世界遺産(三菱長崎造船所)」から，長崎の「け」を選ぶ。　(2) 「夏のすずしい気候」「畑作や乳牛の飼育」「じゃがいもの生産量が多い」から，十勝の「あ」を選ぶ。　(3) 「日米修好通商条約によって開かれた」「明治時代に日本で初めて鉄道が開通した」「全国の市町村で最も人口の多い」から，横浜の「え」を選ぶ。　(4) 「飛騨山脈(北アルプス)」「盆地」「りんごの生産がさかん」から，長野の「お」を選ぶ。

3 問1(1) 「あ」は奈良時代だから誤り。各地の言い伝えなどをまとめた地誌には『風土記』などがある。

(2) 「え」が誤り。元寇は防衛戦だったため，鎌倉幕府は十分な恩賞を御家人に与えられなかった。

(3) 「う」が誤り。「天下の台所」は，年貢米や特産物を運びこむ諸藩の蔵屋敷が集まっていた大阪の呼び名である。江戸は「将軍のお膝元」と呼ばれた。　(4) 「え」が誤り。オランダ語で書かれた『ターヘル・アナトミア』を杉田玄白と前野良沢らが翻訳し，「解体新書」として出版した。　(5) 「い」が誤り。明治時代の地租改正では，課税の対象を収穫高から地価の3%に変更して現金で税を納めさせた。　(6) 「い」が誤り。女性に選挙権が与えられたのは昭和時代(戦後初の衆議院議員総選挙／1946年)以降である。与謝野晶子は日露戦争を批判した詩人。

問2(1) 「あ」が正しい。アは天智天皇(飛鳥時代)，イは元明天皇(奈良時代初期)，ウは聖武天皇(奈良時代中期)の治世に行われた。　(2) 「う」が正しい。イの戦国大名は室町時代後半である。アは2代将軍徳川秀忠，ウは3代将軍徳川家光の時で江戸時代である。　(3) 「か」が正しい。ウの日清戦争後の下関条約締結は1895年，イ

の韓国併合は 1910 年，アの満州事変の開始は 1931 年。　　**(4)**　「え」が正しい。イは明治時代，ウは昭和時代，アは平成時代。日本は，2007 年に全体に占める高齢者の割合が 21% 以上となり，超高齢社会に突入した。

4 **問１.** **(1)**　日本国憲法の三大基本原理は，国民主権・平和主義・基本的人権の尊重である。　　**(2)**　「い」が誤り。裁判官を辞めさせるかどうかの裁判(弾劾裁判)の権限は<u>国会</u>にある。　　**(3)**　「う」が誤り。投票は，「義務」ではなく「権利」である。

問２(1)　「う」を選ぶ。衆議院は４年の任期満了時や，議会の解散時も選挙が行われるが，参議院議員の任期は６年(３年ごとに半数が改選)であり，解散はない。　　**(2)**　「う」を選ぶ。環境省は自然環境の保全に関する業務，厚生労働省は公衆衛生に関する業務，外務省は外交に関する業務，経済産業省は経済や貿易の発展に関する業務を担当している。　　**(3)**　「あ」を選ぶ。　Ａ．子どもが身の危険を感じたときに助けを求めて駆け込める「こども110番の家」などがある。

══════════════════ 《国　語》 ══════════════════

問題非公開のため省略

══════════════════ 《算　数》 ══════════════════

1　(1)$\frac{3}{70}$　(2)37.5　(3)16, 20　(4)62.5　(5)12　(6)241.92, 260.16　(7)30

2　(1)(ア)2　(イ)8　(ウ)97　(2)(ア)25　(イ)26　(ウ)2435

3　(1)①(ア)0　(イ)2　(ウ)16　②85, 81　(2)①(ア)1　(イ)2　(ウ)1　(エ)67　②2915

══════════════════ 《理　科》 ══════════════════

1　(1)30　(2)B. 40　C. 80　(3)ア, ウ　(4)ア　(5)①5　②台を球に近づける。　
　(6)①作用点　②右図　③イ

2　(1)とつぜんふっとうする　(2)イ　(3)イ, エ　(4)①イ　②ウ　③オ　④カ　⑤イ
　(5)カ

3　(1)関節　(2)ア, イ　(3)ウ　(4)ウ　(5)ア　(6)ウ

4　(1)ウ　(2)ア, エ　(3)オ　(4)①ア　②イ　③ア　④オ

══════════════════ 《社　会》 ══════════════════

1　(1)①こ　②う　③き　(2)①え　②あ　(3)①あ　②い　(4)①え　②い　③あ　④う

2　問1．(1)お　(2)い　(3)か　(4)え　　問2．(1)え　(2)う　(3)お　(4)あ　　問3．(1)う　(2)きいと

3　問1．(1)あ　(2)う　(3)い　(4)あ　(5)い　　問2．(1)え　(2)え　(3)持続可能

《2021 算数 解説》

1 (1) 与式 $= (\frac{1}{6}+\frac{2}{5})\times\frac{3}{7}-\frac{7}{10}\div\frac{7}{2} = (\frac{5}{30}+\frac{12}{30})\times\frac{3}{7}-\frac{7}{10}\times\frac{2}{7}=\frac{17}{30}\times\frac{3}{7}-\frac{1}{5}=\frac{17}{70}-\frac{14}{70}=\frac{3}{70}$

(2) $16200\,\mathrm{m}=(16200\times0.001)\,\mathrm{km}=16.2\,\mathrm{km}$ は，$43.2\,\mathrm{km}$ の $16.2\div43.2\times100=37.5$（%）

(3) 1周 350m のコースを分速 150m で1周するのに，$350\div150=\frac{7}{3}$（分）かかるから，

7周で $\frac{7}{3}\times7=\frac{49}{3}=16\frac{1}{3}$（分）かかる。$\frac{1}{3}$分 $=(\frac{1}{3}\times60)$秒 $=20$ 秒より，かかる時間は，16分 20秒である。

(4) $1\,\mathrm{L}=1000\,\mathrm{cm^3}$ より，体積が $78.5\,\mathrm{L}=(78.5\times1000)\,\mathrm{cm^3}=78500\,\mathrm{cm^3}$ の円柱の底面積が，$20\times20\times3.14=1256$（$\mathrm{cm^2}$）

ならば，高さは，$78500\div1256=62.5$（cm）である。

(5) 【解き方】公約数は，最大公約数の約数になるから，まず最大公約数を求める。

$252=2\times2\times3\times3\times7$，$360=2\times2\times2\times3\times3\times5$ より，252 と 360 の最大公約数は，$2\times2\times3\times3=36$

である。36 の約数は｛1，2，3，4，6，9，12，18，36｝だから，小さい方から7番目の公約数は 12 である。

(6) 【解き方】（四角柱の表面積）＝（側面積）＋（底面積）×2，（角柱の側面積）＝（底面の周囲の長さ）×（角柱の高

さ）を利用する。

底面積は，$(5.4+11.4)\times4\div2=33.6$（$\mathrm{cm^2}$）だから，体積は，$33.6\times7.2=241.92$（$\mathrm{cm^3}$）

（底面の周囲の長さ）$=5.4+5+11.4+5=26.8$（cm）だから，側面積は，$26.8\times7.2=192.96$（$\mathrm{cm^2}$）

よって，表面積は，$192.96+33.6\times2=260.16$（$\mathrm{cm^2}$）

(7) 【解き方】合同な図形を探して，色をつけた部分の一部を移動させて

考える。

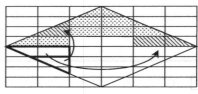

右図の太線で囲んだ部分を矢印のところへ移動させても面積は変わらない

ので，底辺が 18cm で高さが 4cm の三角形の面積から，たて 1cm 横 3cm の

長方形2個の面積を引いて，$18\times4\div2-1\times3\times2=36-6=30$（$\mathrm{cm^2}$）

2 (1) 【解き方】右図のように考えると，1辺が 11cm の正方形の台紙の一番外側には，

$(11-1)\times4=40$（枚）のシールがある。外側から2番目には，$(10-2)\times4=32$（枚）の

シールがある。

右図の⑦のシールの番号は，$10\times4+8\times3+1=65$ だから，67 は⑦の位置より上に

2個上がったところになる。⑦は左から2番目，上から $11-1=10$（番目）だから，

67 は左から2番目，上から $10-2=8$（番目）である。

これをふまえると，左から4番目，上から4番目は，$(10\times4)+(8\times4)+(6\times4)+1=97$

(2) 【解き方】1辺に 51 枚のシールをしきつめると，$51\div2=25$ 余り1より，真ん中のシールは左から 26 番目，

上から 26 番目にある。

左から 26 番目，上から 26 番目が $51\times51=2601$ だから，1小さい 2600 はその左横にある。

よって，2600 は左から 25 番目，上から 26 番目にある。

右図のように考えると，⑦は左から 25 番目，上から 25 番目にある数で，

$2601-2\times4=2593$ である。

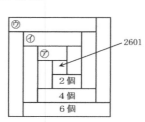

①は左から 24 番目，上から 24 番目にある数で，$2593-4\times4=2577$ である。

⑦は左から 23 番目，上から 23 番目にある数で，$2577-6\times4=2553$ である。

左から 22 番目，上から 22 番目にある数は，$2553 - 8 \times 4 = 2521$

左から 21 番目，上から 21 番目にある数は，$2521 - 10 \times 4 = 2481$

左から 20 番目，上から 20 番目にある数は，$2481 - 12 \times 4 = 2433$

左から 22 番目，上から 20 番目にある数は，$2433 + 2 = 2435$

3 (1) 【解き方】白のおもり 1 個の重さを 1 とすると，黒のおもり 1 個の重さは $1 \times 2 = 2$，赤のおもり 1 個の重さは $2 \times 3 = 6$ になる。

① 白のおもり 100 個の重さは 100 だから，$100 \div 6 = 16$ 余り 4 より，赤のおもりは 16 個になる。

$4 \div 2 = 2$ より，黒のおもりは 2 個，白のおもりは 0 個になる。

② 15 個の赤のおもりを使うと，白のおもり $6 \times 15 = 90$（個）と同じ重さになる。

黒のおもりは 2 個まで，白のおもりは 1 個まで使うことができるので，

赤のおもりの個数を減らした分だけ，黒または白のおもりの個数を増やして

考えると，右表のようになるから，3 番目の数は 85，5 番目の数は 81 である。

赤	黒	白	重さ
15	0	0	90
14	1	0	86
14	0	1	85
13	2	0	82
13	1	1	81
12	2	1	77

(2) 【解き方】(1)に加えて，緑のおもり 1 個の重さを $6 \times 5 = 30$ とする。

① $2021 \div 30 = 67$ 余り 11 より，緑のおもりは 67 個になる。

$11 \div 6 = 1$ 余り 5 より，赤のおもりは 1 個になる。$5 \div 2 = 2$ 余り 1 より，黒のおもりは 2 個になる。

$1 \div 1 = 1$ より，白のおもりは 1 個になる。

② 100 個の緑のおもりを使うと，白のおもり $30 \times 100 = 3000$（個）と同じ重さになる。

赤のおもりは 4 個まで，黒のおもりは 2 個まで，白のおもりは 1 個まで使うことができるので，緑のおもりの個数を減らした分だけ，赤，黒，白のおもりの個数を増やして考える。

緑のおもりを 1 個減らすと，赤，黒，白のいずれかのおもり 1 個を加えることができるので，重さは 3 通りある。

緑のおもりを 2 個減らすと，（赤，黒，白）＝（2 個，0 個，0 個）（1 個，1 個，0 個）（1 個，0 個，1 個）（0 個，2 個，0 個）（0 個，1 個，1 個）のおもりを加えることができるので，重さは 5 通りある。

緑のおもりを 3 個減らすと，（赤，黒，白）＝（3 個，0 個，0 個）（2 個，1 個，0 個）（2 個，0 個，1 個）（1 個，2 個，0 個）（1 個，1 個，1 個）（0 個，2 個，1 個）のおもりを加えることができるので，重さは 6 通りある。ここまでで，$1 + 3 + 5 + 6 = 15$（通り）あるから，大きい方から数えて 15 番目は，$3000 - 30 \times 3 + 2 \times 2 + 1 = 2915$

═《2021　理科　解説》═

1 (1) となり合うおもりをつるす位置の間かくを 1 とする。てこをかたむけるはたらき〔おもりの重さ×支点からの距離〕が左右で等しくなるときにつりあう。図 1 で，てこを右にかたむけるはたらきは $20 \times 5 = 100$ だから，てこを左にかたむけるはたらきも 100 になるように，合計で $100 \div 2 = 50$（g）のおもりをつるす。したがって，$50 - 20 = 30$（g）となる。

(2) 図 2 より，C の重さは B の 2 倍だとわかる。また，図 3 は図 2 よりてこを左にかたむけるはたらきが $20 \times 4 = 80$ 大きく，C を 2 から 3 へ 1 目もり動かすことでつりあっているから，C の重さは $80 \div 1 = 80$（g）である。したがって，B はその半分の 40 g である。

(3)　ア○…てこを左にかたむけるはたらきは 40×2＝80，右にかたむけるはたらきは 80×1＝80 だからつりあう。　イ×…てこを左にかたむけるはたらきは 40×6＝240，右にかたむけるはたらきは 80×4＝320 だからつりあわない。　ウ○…てこを左にかたむけるはたらきは 40×2×4＝320，右にかたむけるはたらきは 80×2×2＝320 だからつりあう。　エ×…てこを左にかたむけるはたらきは(40＋80)×4＝480，右にかたむけるはたらきは(40＋80)×2＝240 だからつりあわない。

(4)　ア○…支点からの距離が右に 30cm のところに置いた立方体の氷の重さは，支点から左に 40cm のところに置いた氷よりも重い。ここから氷が同じようにとけていく(同じように重さが減っていく)とすると，支点からの距離が長い左の方が，てこをかたむけるはたらきの減り方が大きくなるので，シーソーは右が下がる。

(5)① 棒の長さは1.5m→150cmだから，支点から棒の右はしまでの距離は150－30＝120(cm)である。てこを左にかたむけるはたらきは 20×30＝600 だから，少なくとも 600÷120＝5 (kg)よりも重い砂ぶくろをつるすと，球は持ち上がる。　② 支点(台)から右はしまでの距離が長くなるほど，より軽い砂ぶくろで球を持ち上げることができる。

(6)③ ピンセットは，支点から作用点までの距離よりも支点から力点までの距離の方が短いので，力点で加える力よりも作用点にはたらく力の方が小さくなる。このようなてこは，力点での小さい動きを大きく伝えることができ，細かい作業に向いている。

2　(2)　イ×…ほのおの大きさの調節は，ガス調節ねじを開けてから，空気調節ねじを回す。

(3)　ガスバーナーで加熱するとき使われる気体は酸素，発生する気体は二酸化炭素である。ア×…空気中の体積の割合で最も多いのはちっ素である。　イ○…ヒトは呼吸でA(酸素)を体内にとり入れる。　ウ×…B(二酸化炭素)がとけた水よう液(炭酸水)は酸性だから，青色リトマス紙を赤色に変える。　エ○…植物は，日光が当たっているとき，光合成の材料としてBを取り入れる。

(4)　ふっとうは，液体の内部で，液体が気体に変化する現象である。水がふっとうすると水蒸気に変化して丸底フラスコの外に出ていくので，液体の体積が減る。また，水蒸気が丸底フラスコの外の空気に冷やされると，再び液体の湯気に変化して目に見えるようになる。

(5)　カ○…ガスバーナーのほのおをもとの実験より大きくして加熱したので，同じ時間での温度の上がり方が大きくなる。水は100℃に達するとふっとうし，水蒸気に変化している間は温度が100℃で一定になるので，もとの実験の 22 分よりも早く温度が 100℃に達して一定になるカが正答である。

3　(2)　うでを図の矢印の向きに曲げるとき，Aはちぢんでふくらむ。また，力を入れると筋肉はかたくなる。

(3)　ア×…骨は曲がらない。　イ×，ウ○…(2)解説の通り，Aの筋肉をちぢませると，うでは図の矢印の方向に曲がる。

(4)　ウ○…親指には関節が 2 つ，他の 4 本の指には関節が 3 つあるので，関節は全部で 14 ある。

(5)　ア○…酸素や養分は血液によって筋肉へ運ばれる。

(6)　ア×…心臓の筋肉はちぢむこともゆるむこともある。　イ×…心臓の動きのことをはく動という。

4　(1)　午後 2 時には，太陽は真南よりも少し西の方角にあるので，影は真北よりも少し東の方向にできる。方位磁針のN極は真北を指すので，ウが正答である。

(2)　イ，ウ×…温度計全体に日光が直接あたらないよう，おおいをしてはかる(イはおおいをする理由が誤り)。オ×…気温をはかる条件に合った同じ場所ではかる。

(3)　オ○…日なたでは，温度計に日光が直接あたらないように，おおいをするが，液だめの上にはおおいをしないようにする。また，地面の土を少しほって温度計の液だめを入れ，うすく土をかぶせる。

(4) 日光は空気を通り抜けて当たったものを直接あたためる。このような熱の伝わり方を放射という。日なたの地面の温度変化が日かげよりも大きいのは，放射によって太陽の熱が直接地面に伝わるからである。

《2021　社会　解説》

1 (1)① 「三大工業地帯(中京工業地帯)」「工場のけむりを原因とした公害(四日市ぜんそく)」は三重県だから，「こ」である。　② 「最上川」「庄内平野」「米作りがさかん」「はえぬき」「つや姫」は山形県だから，「う」である。
③ 「鎌倉時代には幕府が置かれた」「ペリーが来航(浦賀)」「(横浜)港が開かれた」は神奈川県だから，「き」を選ぶ。
「あ」は秋田県，「い」は宮城県，「え」は新潟県，「お」は千葉県，「か」は東京都，「く」は静岡県，「け」は愛知県。
(2)① 「え」が正しい。「あ」について，生産額が最も多いのは米である。「い」について，米の消費量は下がり続けているため，米が余っている。「う」について，九州の太平洋側に寒流は流れない。　② 「あ」が正しい。太平洋ベルト以外に北陸工業地域などが形成されている。「い」について，海外に進出している企業の数は増えている。「う」について，生産額が最も高いのは機械工業である。「え」について，日本はアジアの国々との貿易額が最も高く，とくに中国との貿易額が高い。
(3)① 全ての年で，最も人口が多い「う」が農業就業人口，最も人口が少ない「い」が林業就業者数だから，65歳以上の農業就業人口は「あ」となる。　② 中小工場の割合が大工場よりも圧倒的に高い「う」が事業所数，割合の差が小さい「あ」が製造品出荷額等だから，従業者数は「い」となる。
(4)① 「え」を選ぶ。　A．分別や収集日などのごみのルールは各市区町村で決める。　B．下水処理場は汚水を浄化処理する施設である。　② 「い」を選ぶ。消火せんの設置場所は，消防法で道路や建物の規模に合わせて決められている。　③ 「あ」を選ぶ。　A．自然災害伝承碑の地図記号がつくられ，教訓を踏まえた的確な防災行動による災害被害の軽減が目指されている。　B．三種の神器(白黒テレビ・電気冷蔵庫・電気せんたく機)は東京オリンピックまでに一般家庭に広く普及した。東京オリンピック後に普及したカラーテレビ・自動車・クーラーは「3C」と呼ばれる。　④ 「う」を選ぶ。　A．地方紙は地方のニュースを中心に掲載する。　B．電子マネーには，乗車券として使えるSuicaやPASMO，ICカード型の機能を携帯電話に搭載した「おさいふケータイ」などがある。

2 問1(1) 「お」を選ぶ。「集落のまわりを堀やさくで囲み(環濠集落)」は弥生時代の特徴である。　(2) 「い」を選ぶ。　A．小野妹子は遣隋使として隋に派遣された。　C．仏教伝来(6世紀半ば)の200年後，奈良の大仏が完成した(752年)。　(3) 「か」を選ぶ。　A．かな文字で書かれた随筆には清少納言の『枕草子』などがある。　B．毎年一定の時期に慣例として行われる行事を年中行事という。　C．生け花は庭に花を植えるものではなく，仏前に花をそなえることから始まった。　(4) 「え」を選ぶ。日ソ共同宣言を発表してソ連と国交を回復したことで，日本の国際連合加盟にソ連の反対がなくなり，日本は国際連合への加盟を果たすことができた。
問2(1) 「え」を選ぶ。B．島原・天草一揆の開始(1637年)→C．享保の大飢饉・天明の大飢饉・天保の大飢饉(18世紀前半〜19世紀前半)→A．世直し一揆(19世紀後半)　(2) 「う」を選ぶ。B．平氏全盛期(平安時代末期)→A．元寇(鎌倉時代)→C．モリソン号事件(江戸時代末期)　(3) 「お」を選ぶ。C．徴兵令の制定(1873年)→A．自由民権運動の開始(1874年)→B．大日本帝国憲法の発布(1889年)　(4) 「あ」を選ぶ。A．領事裁判権(治外法権)の撤廃・関税自主権の完全回復(明治時代)→B．第一次世界大戦(大正時代)→C．ソ連による日ソ中立

条約の破棄(昭和時代)

問3(1)　「う」が誤り。表で読み取れるのは1890年と1910年における貿易品目の輸出額と輸入額のみであり，工場の数と工場労働者の数は不明である。　　**(2)**　開国以来，生糸は日本の主要な輸出品だったが，輸出の急増によって品質が低下してしまった。そのため，生糸の品質や生産技術の向上を目的に，1872年，群馬県に官営模範工場の富岡製糸場がつくられた。

3　**問1(1)**　「あ」を選ぶ。国会議員や市町村の議員は，国民(住民)の直接選挙で選ばれる。　　**(2)**　「う」を選ぶ。税収不足を補うために公債が発行されている。公債には，国が発行する「国債」と，地方公共団体が発行する「地方債」がある。　　**(3)**　「い」を選ぶ。参議院に解散はない。参議院よりも任期が短く，解散のある衆議院は，主権者の意思をより反映しているといえるため，より強い権限が与えられている(衆議院の優越)。　　**(4)**　「あ」を選ぶ。内閣総理大臣は，国務大臣の過半数を国会議員の中から選ばなければならない。　　**(5)**　「い」を選ぶ。A．すべての裁判所は違憲審査権をもつ。　B．地方裁判所は50設置されている(都府県にそれぞれ1，北海道に4)。最高裁判所は東京都のみ設置されている。

問2(1)　「え」が誤り。2011年の東日本大震災・福島第一原子力発電所事故から10年経っても，一部の区域は避難指示が解除されていない。　　**(2)**　「え」が正しい。新型コロナウイルスの影響による失業や休業で収入が減少した人に持続化給付金を給付している。「あ」について，マスクの表面に付着したウイルスに手で触れることで，感染することもある。「い」について，新型コロナウイルスの潜伏期間中にPCR検査を受けた場合，陰性になることもある。「う」について，日本の緊急事態宣言は外出自粛の要請であり，外出禁止などの強制力はない。

(3)　持続可能な世界を実現するため，17の目標の「SDGs」が掲げられ，環境・経済・人間社会のバランスがとれた社会を取り戻し継続していくことが目指されている。

═══════════════════ 《国　語》 ═══════════════════

問題非公開のため省略

═══════════════════ 《算　数》 ═══════════════════

1　(1)$1\frac{9}{14}$　　(2)235.5　　(3)28.13　　(4)(ア)10　(イ)24　(ウ)3　(エ)12　　(5)2.23　　(6)①40　②93, 20　③280
　　(7)75

2　(1)(ア)1　(イ)6　　(2)42　　(3)85

3　(1)あ24　い26　　(2)(ア)96　(イ)86　　(3)(ア)904　(イ)126

═══════════════════ 《理　科》 ═══════════════════

1　(1)①エ　②カ　　(2)ア, ウ　　(3)ウ, エ　　(4)ア

2　(1)でい岩　　(2)丸みをおびている　　(3)角ばっている　　(4)2　　(5)名前…アンモナイト　記号…ウ　　(6)断層
　　(7)イ

3　(1)①イ　②オ　③カ　　(2)ウ　　(3)イ, エ　　(4)ウ

4　(1)青色　　(2)イ, ウ　　(3)①ア　②オ　　(4)石灰水　　(5)A.エ　B.イ　C.ア　D.ウ　　(6)B, D

═══════════════════ 《社　会》 ═══════════════════

1　(1)あ　(2)う　(3)い　(4)え　(5)う　(6)え　(7)2013

2　(1)あ　(2)い　(3)え　(4)い　(5)あ　(6)う　(7)う　(8)あ　(9)え　(10)か

3　(1)い　(2)う　(3)え　(4)え　(5)い　(6)あ　(7)い　(8)え　(9)①あ　②え　③う　④あ

←解答例は前のページにありますので，そちらをご覧ください。

― 《2020 算数 解説》 ―

1 (1) 与式$=\dfrac{15}{7}\times\dfrac{8}{5}-\dfrac{5}{4}\div\dfrac{7}{10}=\dfrac{24}{7}-\dfrac{5}{4}\times\dfrac{10}{7}=\dfrac{48}{14}-\dfrac{25}{14}=\dfrac{23}{14}=1\dfrac{9}{14}$

(2) $5\times5\times3.14\times3=75\times3.14=235.5$(㎤)

(3) $42.195\div150\times100=28.13$(％)

(4) 水そうとおもりの底面はともに正方形であり，辺の比が 120：60＝2：1 だから，底面積の比は，（2×2）：（1×1）＝4：1 である。これより，高さが０㎝～60㎝と 60㎝～80㎝の部分を比べると，水が入る部分の底面積の比は，（4－1）：4＝3：4 である。したがって，おもりがないときと比べると，高さが０㎝～60㎝の部分に水を入れるのにかかる時間は$\dfrac{3}{4}$倍になる。

1.5L＝（1.5×1000）mL＝1500mL＝1500 ㎤だから，おもりがない場合，高さ 60㎝～80㎝の部分に水を入れるのにかかる時間は，$\dfrac{120\times120\times(80-60)}{1500}=192$（秒）である。これより，おもりがない場合，高さ０㎝～60㎝の部分に水を入れるのにかかる時間は，$192\times\dfrac{60}{20}=576$（秒）だから，おもりがある場合は，$576\times\dfrac{3}{4}=432$（秒）かかる。

よって，満水になるのは，（432＋192）÷60＝10 余り 24 より，(ア)<u>10</u>分(イ)<u>24</u>秒後であり，水面の上がる速さがおそくなるのは，192÷60＝3 余り 12 より，満水になる 192 秒前＝(ウ)<u>3</u>分(エ)<u>12</u>秒前である。

(5) 1か月の生徒 360 人が借りた本の数の合計は，０×125＋1×26＋2×18＋3×70＋4×75＋5×46＝802（さつ）だから，平均は，802÷360＝2.227…より，2.23 さつである（小数第２位までのがい数で答えるから，小数第３位を四捨五入する）。

(6)① 点Aの方が点Bより速いので，点Aが１周の半分（P→Q→R）を移動する方が，点Bが１周の半分（P→S→R）を移動するより速い。したがって，点Bが最初にRで折り返す前に，点Aと点Bは重なる。このとき２点A，Bが移動する長さの和は，正方形の１周の長さに等しく 210×4＝840（m）だから，求める時間は 840÷（15＋6）＝40（分後）である。

② 点Bが１回目にRで折り返した後，点Aに追いつくことはないから，点Aが２周目を移動しているときにR→S→Pのどこかで点Aと点Bが重なるとわかる。点Aと点Bが移動する速さの比は 15：6＝5：2 だから，点Aが正方形の辺５つ分移動したとき，点Bは辺２つ分移動している。したがって，点Aが２回目にQを通るとき，点BははじめてRで折り返すとわかる。ここから，２点は同じ向きに進むから，点Aが点Bに追いつく時間を求める。このときの点Aと点Bの間はQR＝210mだから，点Aが２回目にQを通ってから，210÷（15－6）＝$\dfrac{70}{3}=23\dfrac{1}{3}$（分後），つまり 23 分（$\dfrac{1}{3}$×60）秒後＝23 分 20 秒後である。点Aが出発してから，２回目にQを通るまでにかかる時間は，210×5÷15＝70（分）だから，求める時間は 70 分＋23 分 20 秒後＝93 分 20 秒後である。

③ 点Aは 840÷15＝56（分）ごと，点Bは 840÷6＝140（分）ごとにPにもどってくる。したがって，２点が初めてPで重なるのは，56 と 140 の最小公倍数のときである。２つの数の最小公倍数を求めるときは，右の筆算のように割り切れる数で次々に割っていき，割った数と割られた結果残った数をすべてかけあわせればよいから，56 と 140 の最小公倍数は，2×2×7×2×5＝280 である。よって，求める時間は 280 分後である。

```
2 ) 56  140
2 ) 28   70
7 ) 14   35
     2    5
```

(7) 四角形ＡＢＣＤと四角形ＤＥＦＧは面積の等しい長方形だから，それぞれを対角線で半分にした三角形ＡＢＤと三角形ＤＥＦの面積も等しい。これら２つの三角形の面積から，それぞれ三角形ＥＨＤの面積をのぞいた四角形

ＡＢＨＥと三角形ＤＨＦの面積も等しい。したがって，（四角形ＡＢＨＥの面積）＝（三角形ＤＨＦの面積）＝240 cm²であり，三角形ＡＢＥの面積は，15×22÷2＝165（cm²）だから，三角形ＥＢＨの面積は240－165＝75（cm²）である。

2 (1) すべての答えを帯分数で表す（約分はまだしない）と，$1\frac{5}{15}$，$1\frac{6}{15}$，$1\frac{7}{15}$，…，2となり，真分数の部分は，

$\frac{5}{15}$，$\frac{6}{15}$，$\frac{7}{15}$，…，0となる。これを約分していくと，$\frac{1}{3}$，$\frac{2}{5}$，$\frac{7}{15}$，$\frac{8}{15}$，$\frac{3}{5}$，$\frac{2}{3}$，$\frac{11}{15}$，$\frac{4}{5}$，$\frac{13}{15}$，$\frac{14}{15}$，

0となるから，分子が1である分数は$\frac{1}{3}$の (ア)1個，分子が素数である分数は，$\frac{2}{5}$，$\frac{7}{15}$，$\frac{3}{5}$，$\frac{2}{3}$，$\frac{11}{15}$，$\frac{13}{15}$の

(イ)6個ある。

(2) 例や(1)の真分数の部分をみると，真分数の部分はわった数と同じ個数ごとにくり返すとわかる。したがって，6でわったときの真分数の部分は6個ごとの周期となる。$\frac{100}{6}=16\frac{4}{6}$より，100以上200以下のすべての整数を，それぞれ6でわったときの答えの真分数の部分（約分はしない）の1周期は，$\frac{4}{6}$，$\frac{5}{6}$，0，$\frac{1}{6}$，$\frac{2}{6}$，$\frac{3}{6}$となる。真分数の個数は，200－100＋1＝101（個）あるから，101÷6＝16余り5より，16周期と5個あるとわかる。1周期の真分数の和は，$\frac{4}{6}+\frac{5}{6}+0+\frac{1}{6}+\frac{2}{6}+\frac{3}{6}=\frac{15}{6}=\frac{5}{2}$だから，求める答えは，

$\frac{5}{2}×16+\frac{4}{6}+\frac{5}{6}+0+\frac{1}{6}+\frac{2}{6}=40+2=42$である。

(3) 2500以上7500以下のすべての整数を，それぞれ52でわったときの答えの真分数の部分（約分はしない）は，52個ごとの周期となる。$\frac{2500}{52}=48\frac{4}{52}$より，1周期は，$\frac{4}{52}$，$\frac{5}{52}$，$\frac{6}{52}$，………，$\frac{51}{52}$，0，$\frac{1}{52}$，$\frac{2}{52}$，$\frac{3}{52}$となる。真分数の個数は全部で7500－2500＋1＝5001（個）あるから，5001÷52＝96余り9より，96周期と9個あるとわかる。52の約数は1，2，4，13，26，52だから，約分前の真分数の分子が1，2，4，13，26のときに，約分すると分子の数が1となる（分子の数が52のときはわりきれるので真分数は0と表される）。1周期において真分数の分子が1となる分数の和は，$\frac{4}{52}+\frac{13}{52}+\frac{26}{52}+\frac{1}{52}+\frac{2}{52}=\frac{46}{52}=\frac{23}{26}$である。最後の9個の分子の数は4から4＋9－1＝12までだから，真分数の分子が1となる分数は，$\frac{4}{52}=\frac{1}{13}$の1個だけである。

よって，求める答えは，$\frac{23}{26}×96+\frac{1}{13}=\frac{1104}{13}+\frac{1}{13}=\frac{1105}{13}=85$である。

3 (1) Ｔタイルが3枚目まではってある図形に4枚目をはると，まわりの長さは，右図の太い実線の長さ分増え，太い破線の長さ分減る。したがって，Ｔタイルが4枚のときは，3枚はってあるときより，4 cm増え，6 cm減るから，⑤にあてはまる数は，26＋4－6＝24である。

5枚目をはるときについても同様に考える。4枚のときより，6 cm増え，4 cm減るから，⑩にあてはまる数は，24＋6－4＝26である。

(2) できる図形の面積は20×20＝400（cm²）で，最初の基準の正方形の面積は4×4＝16（cm²）だから，1辺が20 cmの正方形ができるとき，Ｔタイルの面積の合計は，400－16＝384（cm²）である。Ｔタイル1枚の面積は

2×3－1×1×2＝4（cm²）だから，Ｔタイルの枚数は，384÷4＝(ア)96（枚）である。

このことから，Ｔタイルを100枚はったときにできる図形は，右図のように1辺が20 cmの

正方形にＴタイルを100－96＝4（枚）はってできる図形である。この図形のまわりの長さは，

1辺が20 cmの正方形のまわりの長さより，14 cm増え，8 cm減っているから，

20×4＋14－8＝(イ)86（cm）である。

(3) 最初の基準の正方形のまわりにＴタイルを222枚はった図形の面積は，16＋4×222＝(ア)904（cm²）である。

基準の正方形の1辺の長さは4の倍数であり，同じ4の倍数を2つかけあわせてできる数のうち904をこえない最大の数は，28×28＝784だから，タイルを(784－16)÷4＝192(枚)はった時点で1辺が28cmの基準の正方形ができ，さらにタイルを222－192＝30(枚)はったとわかる。1辺が32cmの正方形を作るためには，さらに(32×32－784)÷4－30＝30(枚)のタイルが必要だから，タイルを222枚はってできる図形は，1辺が28cmの正方形から1辺が32cmの正方形を作る過程のちょうど真ん中にある図形とわかる。図3から，ちょうど真ん中は右上のTタイルをはったときとわかるので，222枚でできる図形は，右図のような図形である。この図形のまわりの長さのうち，縦の線が32×2＝64(cm)，横の線が3＋1＋28＋30＝62(cm)だから，この図形のまわりの長さは，64＋62＝(イ)126(cm)

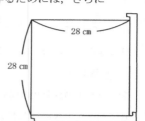

── 《2020　理科　解説》 ──

1　(1)①　黒は光(熱)を吸収しやすい色である。　　②　図Ⅰ参照。日光が集まった面積が一番小さくなる位置に紙を置くと，最も早く紙をこがすことができる。

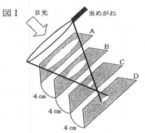

(2)　光が鏡で反射するときには，図Ⅱのように，入射角と反射角が等しくなる。アのように，鏡を回転させずに左に動かせば，反射した光が当たる点も左にずれる。また，ウのように鏡を反時計回りに動かせば，入射角と反射角が小さくなり，反射した光が当たる点が左にずれる。

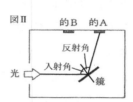

(3)　ウ○…光電池に当たる光の量が多くなるので，モーターに強い電流が流れる。エ○…太陽の光が光電池に当たるときの角度が垂直に近いときほど，モーターに強い電流が流れる。

2　(1)(4)　Aの層のつぶが固まってできる岩石がでい岩，Bの層のつぶが固まってできる岩石がれき岩，Dの層のつぶが固まってできる岩石が砂岩である。どろ(直径0.06mm以下)，砂(直径0.06mm～2mm)，れき(直径2mm以上)はつぶの大きさで区別する。

(2)(3)　れきは川を流れてくる間に川底や他の石などにぶつかって角がとれ，丸みをおびる。火山灰はこのようなはたらきを受けずに積もるため角ばっている。

(5)　アンモナイトは海にすんでいたから，ヒマラヤ山脈はかつて海底だった場所が持ち上げられてできたと考えられる。

(6)　この断層は，横から地層を引っぱる力がはたらいてできたもので，とくに正断層とよばれる。

3　(2)　インゲンマメの種子には胚乳(はいにゅう)がなく，発芽するときの養分は子葉にたくわえられている。図1のa，図2のdが子葉である。図2のdの子葉は，成長に養分が使われていくうちにしぼんでいく。

(3)　根元がふくらんでいるXがめばな，Yがおばなである。めばなにはおしべがなく，おばなにはめしべがない。おばなのおしべでつくられた花粉がめばなのめしべにつくと，めばなの根元のふくらんだ部分が成長して果実になる。これに対して，アサガオは，1つの花にめしべとおしべの両方がある。

4　(1)(4)(5)　実験1より，赤色リトマス紙を青色に変化させる水よう液はアルカリ性だから，Aは水酸化ナトリウム水よう液である。BTB液はアルカリ性で青色に変化する。実験2より，A以外で加熱後に白い固体が残ったCは食塩水である。炭酸水と塩酸はどちらも気体がとけた水よう液だから，加熱後には何も残らない。実験3より，残ったBとDは炭酸水か塩酸であり，それぞれに石灰水を加えると炭酸水だけが白くにごるから，Bが炭酸水，Dが塩

酸である。

(2) ア×…水が固体から液体，または液体から気体になるときのように状態が変化している間は，加熱を続けても温度が変化しない。これは，状態が変化するのに熱が使われるためである。 エ×…湯気は目に見えるので，気体ではない。湯気は気体になった水が空気中で冷やされて再び液体になったものである。

(3) 炭酸水にとけているのは気体の二酸化炭素である。植物はヒトと同じように，1日中呼吸を行っている。植物は日光が当たっていないときは光合成を行わず呼吸だけを行うので，二酸化炭素を出すことになる。

(6) 青色リトマス紙を赤色に変化させるのは酸性の炭酸水（B）と塩酸（D）である。なお，食塩水は中性だから，どちらのリトマス紙も色が変化しない。

《2020 社会 解説》

1 (1) 「あ」が誤り。予算案の作成は<u>内閣</u>の持つ権限である。

(2) 「う」を選ぶ。北朝鮮の金正恩委員長はアメリカのトランプ大統領と2019年にベトナム会談をおこなったが，北朝鮮の非核化をめぐって溝が埋まらず，合意文書への署名を見送った。「あ」は韓国，「い」は中国，「え」はロシアについての記述である。

(3) 「い」が正しい。条例は，都道府県の議会が法律の範囲内で制定し，その地方公共団体にのみ適用される。「あ」の都道府県知事の被選挙権は満30歳以上である。「う」の内閣は，内閣総理大臣と国務大臣の過半数は国会議員の中から間接選挙で選ばれる。「え」の条約の締結は内閣がおこない，締結の前または後に国会が承認する。

(4) 「え」が正しい。法律案の議決では，衆議院に参議院よりも強い権限が与えられている（衆議院の優越）。なお，「い」の国民投票は，憲法改正の発議があっとときにおこなわれる。

(5) 「う」が誤り。大雨のときは，<u>山間部の谷間で土砂災害がおこりやすいので，山に近づいてはならない。</u>

(6) Aは「地震」や「豪雨」などの災害の「災」，Bは「消費税」の「税」，Cは「（金）メダル」の「金」だから，「え」が正しい。

(7) オリンピックの開催地については，原則として開催7年前にその都市を決定するので，2013年となる。

2 (1) AもBも正しいので「あ」を選ぶ。 A．大陸から日本に移り住んだ渡来人は，須恵器の製法や儒学なども伝えた。 B．平城京が置かれた際，唐の長安の都制にならって碁盤の目状に区画された。長安は現在の西安あたりになる。

(2) 国風文化は平安時代だから，「い」が誤り。<u>水墨画は室町時代の文化</u>である。

(3) 「え」が誤り。元寇は防衛戦であったため，<u>鎌倉幕府は十分なほうびを武士（御家人）に与えることができなかった。</u>そのため生活に困る御家人が増え，幕府に不満を持つ者も出てきた。

(4) 「い」が誤り。歌舞伎や浮世絵は<u>江戸時代の文化</u>である。

(5) 「あ」が誤り。朝鮮出兵は，<u>豊臣秀吉</u>がおこなった政策である。

(6) 「う」が誤り。鎖国政策下では，<u>薩摩藩は琉球王国，対馬藩は朝鮮</u>，松前藩はアイヌの人々（蝦夷地），長崎はオランダ・中国との窓口になった。

(7) 「う」が誤り。日本が幕末に欧米諸国と結んだ修好通商条約（安政の五か国条約）は，<u>日本に関税自主権（国家が輸入品に対して自由に関税をかけることができる権利)</u>がなく，相手国に領事裁判権（外国人が在留している国で

罪を犯しても，その国の法律では裁かれず，本国の法律で裁判を受ける権利)を認めるなど，日本にとって不平等な条約であった。

(8)　「あ」が誤り。明治政府が結んだ日朝修好条規は，朝鮮に対して領事裁判権を認めさせた，朝鮮にとって不平等な条約であった。

(9)　「え」が誤り。農地改革の実施は太平洋戦争後の出来事であり，国が強制的に地主の土地を買い上げ，小作人に安く売り渡した農業の民主化政策である。

(10)　C．サンフランシスコ平和条約(1951年)→B．日本の国際連合加盟(1956年)→A．日中平和友好条約(1978年)なので，「か」を選ぶ。

3 (1)　「い」が誤り。沖ノ鳥島は日本の南端である(右表参照)。

最北端		最西端	
島名	所属	島名	所属
択捉島	北海道	与那国島	沖縄県
最東端		最南端	
島名	所属	島名	所属
南鳥島	東京都	沖ノ鳥島	東京都

(2)　「う」が誤り。日本海側で冬の降水量が多いのは北西季節風による影響，太平洋側で夏の降水量が多いのは南東季節風による影響である。

(3)　「え」が正しい。イには家(水屋)がある。木曽三川(木曽川・長良川・揖斐川)に囲まれた下流域では，古くから河川の氾濫による洪水が多かったため，輪中と呼ばれる堤防で周囲をめぐらせ，土を盛るなどして周囲より高いところにひなん場所としての水屋を建てた。

(4)　「え」が誤り。農業人口は高齢化が進んでおり，65歳以上の割合が6割を占める。

(5)　「い」が正しい。日本は，米や野菜などの自給率が高い反面，小麦などの自給率が低い。自給率は，肉類が55%前後，小麦が10%前後であり，米は100%に近い。

(6)　「あ」が誤り。水あげ量上位の銚子港や焼津港は太平洋側にある。

(7)　「い」が正しい。鉄鋼の輸出額は，1987年が33.3×0.06＝1.998(兆円)，2017年が78.3×0.04＝3.132(兆円)。「あ」は1988年～2016年の総輸出額が不明なので，「毎年増加している」と判断できない。「う」の自動車の輸出台数は表から読み取れない。　「え」は，1987年のプラスチックの輸出額が不明なので，「減少している」と判断できない。

(8)　「え」が誤り。鉄鉱石は，そのほとんどをオーストラリアとブラジルから輸入している。

(9)①　AもBも正しいので「あ」を選ぶ。　A．火山噴火や洪水，津波，土砂災害などの災害時に被害が発生しやすい地域や緊急避難経路，避難場所などが示されている防災マップを「ハザードマップ」と呼ぶ。　②　AもBも誤りなので「え」を選ぶ。　A．最も工業生産額が多い工業地帯は中京工業地帯である。　B．書籍の生産が最も多い東京都を含むのは京浜工業地帯である。　③　Bのみ正しいので「う」を選ぶ。「☼」は工場，「📖」は図書館の地図記号であり，工場は高速道路沿いに多くみられる。　④　AもBも正しいので「あ」を選ぶ。A．ごみを分別することで資源が再利用されるので，ごみの量を減らすことができる。　B．海に流れ込んだ微小なプラスチック粒子(マイクロプラスチック)を魚などが食べ，その魚を食べている人間の体に移行して影響を及ぼす危険性が問題視されている。

=== 《国　語》 ===

問題非公開のため省略

=== 《算　数》 ===

1　(1) $3\frac{5}{8}$　(2) 0.42　(3) 45.76　(4)① 36　② 3.6　(5) 2, 29, 20　(6)① $\frac{1}{12}$　② $\frac{1}{7}$　③ $3\frac{1}{3}$　④ $\frac{1}{15}$

　(7)(ア) 5　(イ) 10　(ウ) 6　(エ) 15　(オ) 8　(カ) 40　(キ) 9　(ク) 90

2　(1) 42　(2) 115　(3) 11

3　(1)①(ア) 2　(イ) 1　(ウ) 2　② 5　(2)①(ア) 5　(イ) 2　(ウ) 2　(エ) 5　② 14　(3) 42

=== 《理　科》 ===

1　(1)ア．×　イ．○　ウ．×　エ．×　オ．×　(2)① イ　② イ　(3) ウ　(4)① イ　② ウ　③ カ

2　(1) 右図　(2) A．ウ　B．ア　(3)① X の右はし…N　Y の左はし…S　②〈あ〉エ　〈い〉イ　(4) イ

3　(1) ア　(2) オリオン／B，D　(3) イ，ウ　(4) ウ，オ　(5) ア，ウ

4　(1) A．ア　B．オ　(2) エ　(3) ア．酸素　イ．ちっ素　ウ．えら　エ．二酸化炭素　(4) ア

　(5) ミジンコ

=== 《社　会》 ===

1　(1)① え　② い　③ あ　(2) う　(3) い　(4) え　(5) い　(6) え　(7)① あ　② う

2　(1)① え　② あ　③ う　(2)① う　② い　③ あ　④ い　⑤ え　(3)① い　② う　③ ネットワーク

3　(1) い　(2) あ　(3) う　(4) え

4　(1) あ　(2) え　(3) う　(4) う

←解答例は前のページにありますので，そちらをご覧ください。

── 《2019　算数　解説》 ──

1　(1)　与式 $=\dfrac{7}{2}\times\dfrac{9}{7}-\dfrac{7}{5}\times\dfrac{5}{8}=\dfrac{9}{2}-\dfrac{7}{8}=\dfrac{36}{8}-\dfrac{7}{8}=\dfrac{29}{8}=3\dfrac{5}{8}$

(2)　97%を取り除くと $100-97=3$（%）が残るので，残りの食塩は，$14\times\dfrac{3}{100}=0.42$（g）

(3)　右のように作図し，四角形ＡＢＣＤを三角形ＡＢＤと三角形ＣＢＤに分けて

考える。三角形ＡＢＤの底辺をＡＤ＝8cmとしたときの高さはＢＥ＝11cmであ

り，三角形ＣＢＤの底辺をＢＣ＝4＋5＋4＝13(cm)としたときの高さは

ＤＦ＝8cmだから，四角形ＡＢＣＤの面積は，$8\times11\div2+13\times8\div2=96$（cm²）

四角形の内角の和は360度だから，各頂点を中心とする，四角形ＡＢＣＤの内部

にある4つのおうぎ形を合わせると，中心角が360度になるので，半径が4cm

の円ができる。よって，斜めの線をつけた図形の面積は，$96-4\times4\times3.14=45.76$（cm²）

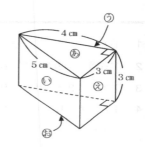

(4)①　Aの展開図を組み立てると右図のような三角柱になる。あと垂直な面は，

い，う，えの3つである。その面積の合計は展開図から，縦が3cm，横が

5＋4＋3＝12(cm)の長方形の面積と等しいとわかるので，$3\times12=36$（cm²）

②　Aは，底面積が $3\times4\div2=6$（cm²）で高さが3cmだから，体積は，

$6\times3=18$（cm³）である。よって，Bの底面積は，$18\div5=3.6$（cm²）

(5)　1 m＝100cmだから，直方体の容器は縦が3.2m＝(3.2×100)cm＝320cm，

横が2 m＝(2×100)cm＝200cmなので，容積は，$320\times200\times70=4480000$（cm³）

1 L＝10cm×10cm×10cm＝1000cm³だから，水は毎分(30×1000)cm³＝毎分30000cm³の割合で入る。よって，満水

になるのは，$4480000\div30000=\dfrac{448}{3}=149\dfrac{1}{3}$（分後），つまり，60分×2＋29分＋($\dfrac{1}{3}$×60)秒＝2時間29分20秒後

(6)①　Bさんは学校から1kmの地点まで3時17分－3時5分＝12分で進んだから，Bさんの速さは，分速$\dfrac{1}{12}$km

②　Bさんは学校から1kmの地点まで3時17分－3時10分＝7分で進んだから，Cさんの速さは，分速$\dfrac{1}{7}$km

③　CさんはBさんを追いぬいたあと，$\dfrac{1}{7}\times\dfrac{49}{3}=\dfrac{7}{3}=2\dfrac{1}{3}$（km）進んで駅に着いた。

よって，学校から駅までの道のりは，$1+2\dfrac{1}{3}=3\dfrac{1}{3}$（km）

④　Bさんは，休けいしたあと駅までの$\dfrac{7}{3}$kmの道のりを$\dfrac{7}{3}\div\dfrac{1}{12}=28$（分）で進んだから，3時22分＋28分＝3時50分

に駅に着いた。したがって，Aさんは学校から駅までの$3\dfrac{1}{3}$km＝$\dfrac{10}{3}$kmの道のりを50分で進んだから，Aさんの速

さは，分速($\dfrac{10}{3}\div50$)km＝分速$\dfrac{1}{15}$km

(7)　$X-Y=\dfrac{1}{10}$となるとき，$X-\dfrac{1}{10}=Y$だから，Xに$\dfrac{1}{2}$から順に，分母が整数で分子が1である分数を入れて計

算し，Yが同様の分数になる場合を探せばよい。

$\dfrac{1}{2}-\dfrac{1}{10}=\dfrac{2}{5}$，$\dfrac{1}{3}-\dfrac{1}{10}=\dfrac{7}{30}$，$\dfrac{1}{4}-\dfrac{1}{10}=\dfrac{3}{20}$，$\dfrac{1}{5}-\dfrac{1}{10}=\dfrac{1}{10}$…Ⓐ，$\dfrac{1}{6}-\dfrac{1}{10}=\dfrac{1}{15}$…Ⓑ，$\dfrac{1}{7}-\dfrac{1}{10}=\dfrac{3}{70}$，$\dfrac{1}{8}-\dfrac{1}{10}=\dfrac{1}{40}$…Ⓒ，

$\dfrac{1}{9}-\dfrac{1}{10}=\dfrac{1}{90}$…Ⓓである。よって，Ⓐより，$\dfrac{1}{5}-\dfrac{1}{10}=\dfrac{1}{10}$，Ⓑより，$\dfrac{1}{6}-\dfrac{1}{15}=\dfrac{1}{10}$，Ⓒより，$\dfrac{1}{8}-\dfrac{1}{40}=\dfrac{1}{10}$，Ⓓより，

$\dfrac{1}{9}-\dfrac{1}{90}=\dfrac{1}{10}$

2 (1) 図6の立体を右図のように5方向から見れば底以外のすべての表面が見
えるから，それぞれの方向から見える面の面積を合計すればよい。

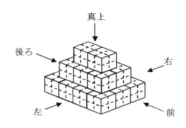

前後から見える面はそれぞれ3＋2＋1＝6（面）ある。左右から見える面は
それぞれ4＋3＋2＝9（面）ある。真上から見える面の面積は，4×3＝
12（面）の面積と同じである。1つの面の面積は1cm²だから，色をぬる部分の
面積は，6×2＋9×2＋12＝42（cm²）

(2) (1)の解説と同様に考える。完成した立体の図をかかなくても，横よりも縦の個数の方が少ないから，立方体
を積み上げる段数は縦の立方体の個数と同じく，5段になるとわかる。したがって，横に7個の立方体を並べた
ことから，前後から見える面はそれぞれ7＋6＋5＋4＋3＝25（面）とわかる。左右から見える面は，それぞれ
5＋4＋3＋2＋1＝15（面）である。真上から見える面の面積は，5×7＝35（面）の面積と同じである。
よって，色をぬる部分の面積は，25×2＋15×2＋35＝115（cm²）

(3) ここまでの解説をふまえる。もし横の個数が縦と同じ7個の場合，色をぬる面の面積は，
（7＋6＋5＋4＋3＋2＋1）×4＋7×7＝28×4＋49＝161（cm²）となり，245cm²よりも少なくなる。したがっ
て，横の個数は7個より多いとわかるので，段数は縦の個数と同じ7段に決まる。横の個数を①個とする。
左右から見える面は，それぞれ7＋6＋5＋4＋3＋2＋1＝28（面）である。前後から見える面は，それぞれ
①＋（①－1）＋（①－2）＋（①－3）＋（①－4）＋（①－5）＋（①－6）＝①×7－（1＋2＋3＋4＋5＋6）＝
⑦－21（面）である。真上から見える面の面積は，7×①＝⑦（面）の面積と同じである。したがって，色をぬる部
分の面積は，28×2＋（⑦－21）×2＋⑦＝56＋⑭－42＋⑦＝㉑＋14（cm²）と表せる。これが245cm²と等しいから，
㉑は245－14＝231（cm²）と等しいので，①は231÷21＝11（面）と等しい。よって，横には11個並べたことになる。

3 (1)① 直線ABが引かれている図は，右図Ⅰ，Ⅱの(ア)<u>2</u>通り，
直線ADが引かれている図は，図Ⅲの(イ)<u>1</u>通りある。
直線AFが引かれている図は，直線ABが引かれている図と対称
だから，(ウ)<u>2</u>通りある。

② 直線ACを引くと，その直線によって残りの点が1個と3個に分かれてしまう。このように奇数個ずつに分
けてしまうとすべての点を結び終えることができない。直線AEを引いた場合も同様である。
よって，①で数えたのがすべてなので，2＋1＋2＝5（通り）

(2)① (1)の解説をふまえる。図5には全部で8個の点があるから，直線ABを引くと，残りの点は6個になる。
この6個の点を結ぶ直線の引き方は，(1)で考えたように(ア)<u>5</u>通りある。
直線ADを引くと，残りの点は6個になる。直線ADの右側の2個の結び方は1通り，直線ADの左側の4個の
結び方は，図1の場合と同様に2通りだから，この場合の引き方は，1×2＝(イ)<u>2</u>（通り）ある。
直線AFが引かれている図は，直線ADが引かれている図と対称だから，(ウ)<u>2</u>通りある。
直線AHが引かれている図は，直線ABが引かれている図と対称だから，(エ)<u>5</u>通りある。
② 直線AC，AE，AGのいずれかを引くと奇数個ずつの点に分かれてしまうので，結び終えることができな
い。よって，①で数えたのがすべてなので，5＋2＋2＋5＝14（通り）

(3) ここまでの解説をふまえる。図6には全部で10個の点がある。
直線ABを引くと残りの点は8個になるから，図5のときと同様に，14通りの図ができる。
直線ADを引くと，直線ADの右側に2個（1通り），左側に6個（図4と同じ5通り）になるから，

$1 \times 5 = 5$（通り）の図ができる。

直線ＡＦを引くと，直線ＡＦの左右に4個（図1と同じ2通り）ずつになるから，$2 \times 2 = 4$（通り）の図ができる。

直線ＡＨが引かれている図は，直線ＡＤが引かれている図と対称だから，5通りある。

直線ＡＪが引かれている図は，直線ＡＢが引かれている図と対称だから，14通りある。

よって，全部で，$14 + 5 + 4 + 5 + 14 = 42$（通り）

《2019　理科　解説》

1　(1)　ア．上皿てんびんは，水平なところで使う。ウ．分銅は少し重いと思われるものからのせる。エ．のせた後に重さを調節するものをきき手側の皿にのせる。決めた重さをはかりとるときは，その重さの分銅を左にのせ，右の皿ではかりとるものを調節する。オ．薬包紙は非常に軽いが重さはあるので，薬包紙を使うときは左右の皿に薬包紙をのせ，薬包紙の重さによる誤差が出ないようにする。

(2)　水にとけた食塩は，水を蒸発させることで再び取り出すことができる。つまり，食塩が水にとけて見えなくなっても，別のものに変わったり，なくなったりするわけではないので，重さは変わらない。

(3)　1回に加える重さは5ｇだから，60℃のときには少なくても $5 \times 4 = 20$（ｇ）とけ，50℃のときには少なくても $5 \times 3 = 15$（ｇ）とけることがわかる。したがって，80℃のときにとかした20ｇがとけきれなくなって固体のミョウバンが出てくるのは，水の温度が50℃になったときである。

(4)　表で，食塩は，とけ残りができるときの回数がすべて7回で，温度によって変化していない。このように，食塩は，水の温度が変わっても，とける量があまり変化しない。したがって，食塩がとけている水から食塩を取り出すには，水の温度を下げるのではなく，水を加熱して蒸発させる方法が適している。説明にあるような方法でこい塩水をつくってから，それを加熱して水を蒸発させると，効率よく食塩を取り出すことができる。

2　(1)　ソケットがないときには，側面と底の部分に導線をつなげば明かりがつくことから考えればよい。

(2)　正しい導線のつなぎ方を図に表すと，図Ｉのようになる。金属棒をＡにつなぐと，イから流れた電流がＸを流れ，さらにＰ→ア→Ｂ→Ａ→ウの順に流れるので，Ｘが電磁石になると同時にＰが光る。同様に考えて，金属棒をＣにつなぐと，イから流れた電流がＸ→Ｐ→ア→Ｂ→Ｃ→Ｑ→Ｙ→ウの順に流れ，ＸとＹが電磁石になると同時にＰとＱが光る。

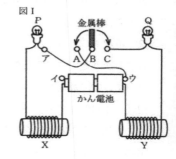

(3)①　方位磁針の針のふれ方から，Ｘは方位磁針のＮ極を引きつける左はしがＳ極だから，右はしはＮ極である。また，Ｙは方位磁針のＳ極を引きつける右はしがＮ極だから，左はしはＳ極である。　　②　電磁石にくっついていた部分が，くっついていた極と逆の極になる。したがって，鉄くぎ〈あ〉の頭（とがっていない方）はＳ極になり，方位磁針のＮ極を引きつけてエのようになる。また，鉄くぎ〈い〉の頭はＮ極になり，方位磁針のＳ極を引きつけてイのようになる。

(4)　イ．かん電池の＋極と－極を入れかえると，電磁石のＮ極とＳ極は逆になるが，新しい鉄くぎは磁石になっていないので，電磁石に反発することはなく，電磁石にくっつく。電磁石にしばらくつけておくと，鉄くぎは磁石になる。

3 (1) オリオン座が，夕方に東の地平線からのぼってきて，真夜中に南の空に見えるのは冬だから，アが正答である。

(2) オリオン座の1等星は，BのリゲルとDのベテルギウスである。

(3) 図Ⅱで，太陽がしずんだ直後の地点はAで，ここから南の空に見える半月は上弦の月である。月が満ち欠けする周期は約29.5日だから，上弦の月から3日後にはa，11日後にはb，19日後にはcの付近にあり，約29日後には再び上弦の月になる。Aからbやcは見ることができないので，イ，ウが正答となる。

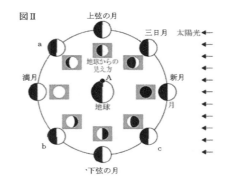

図Ⅱ

(4) 月は球形で，自ら光を出していない。月が光って見えるのは，太陽の光が反射しているためである。図Ⅱのように，月は常に太陽側の半球部分が光っているが，地球から見たときに月と太陽の位置関係が変わるため，見える形が日によって異なる。

(5) イ．月の表面には水が流れる川はない。なお，月の黒く見える部分は海とよばれるが，ここにも水は存在しない。エ．地球で青い空が見えるのは，地球上には大気が存在するためである。大気が存在しない月では，青い空を見ることはできない。

4 (2) 背びれに切れこみがなく，しりびれが三角形に近い形をしている左側のメダカがメスである。たまごは，腹びれとしりびれの間にある穴から出てくる。したがって，エが正答である。

(3) メダカも，ヒトと同様に，呼吸によって酸素を取り入れて，二酸化炭素をはき出している。ヒトは，肺で呼吸を行っているが，メダカはえらで呼吸を行っている。全身で酸素が使われて，二酸化炭素が多くなった血液は，心臓から呼吸器官(肺やえら)に送られて，気体の交換が行われる。

═══《2019　社会　解説》═══

1 (1)① 「え」が正しい。日本国憲法は1946年11月3日に公布された。日本の国際連合加盟は1956年，サンフランシスコ平和条約締結は1951年，東京オリンピックは1964年のことであった。

② 朝鮮戦争でアメリカから物資の注文が入った「朝鮮特需」によって日本は復興のきっかけをつかみ，その後高度経済成長をとげることになる。高度経済成長時の経済成長率は毎年10%をこえていた。

③ 法隆寺がつくられたのは飛鳥時代だから「あ」が誤り。国分寺や国分尼寺は，奈良時代に聖武天皇と光明皇后によって建てられた。

(2) 「う」が正しい。b(普通選挙法・1925年)→a(国家総動員法・1938年)→c(環境基本法・1993年)

(3) 「い」が誤り。北条政子が御家人に訴えたのは，元寇ではなく承久の乱のときである。

(4) 「え」が正しい。b(東大寺・奈良時代)→c(金閣・室町時代)→a(南蛮寺・安土桃山時代)

(5) 「い」が正しい。「あ」は姫路城，「う」は大阪城，「え」は岡崎城・浜松城・駿府城のいずれかである。

(6) 「え」が正しい。「あ」と「う」は江戸時代，「い」は平安時代の記述である。

(7)① 「あ」が誤り。日本人の海外渡航は禁じられていた。中国との貿易は，長崎の唐人屋敷に限られた。

② 「う」が誤り。「読み・書き・そろばん」は江戸時代の寺子屋で学ばれた。

2　(1)①　「え」が誤り。人工林と天然林の割合はほぼ１：１である。

②　「あ」が誤り。大地震によって発生するのは高潮ではなく津波である。

③　「う」が誤り。被害の範囲を示すのは安全マップではなくハザードマップ(防災マップ)である。

(2)①　「う」が誤り。農業従事者数は減少傾向にある。

②　「い」が誤り。野菜の自給率は約70％(生産額ベース)で，小麦の自給率は12％程度である。

③　「あ」が誤り。水産物の水あげ量が多い上位５都道府県は，北海道＞長崎県＞茨城県＞静岡県＞三重県と東京都はふくまれない。

④　「い」が誤り。工場の数では圧倒的に中小工場の方が多いが，中小工場と大工場の生産額の比はほぼ１：１である。

⑤　「え」が正しい。「あ」について，必要な部品を，必要なときに，必要な分だけ，関連工場から調達するジャストインタイム方式で生産される。「い」について，自動車の組み立て作業は，オートメーション化されて手作業は減っている。「う」について，外国向けの自動車の生産は，東南アジアやアメリカなど世界各地で行われている。

(3)①　「い」が誤り。新幹線の開通は1964年だから1950年にはない。

②　「う」が誤り。プリペイドカードやクレジットカードによる支払いが可能な店が増えてきた。

3　(1)　「い」が正しい。災害による被害をさけるためには他の地域の気象情報にも注意すべきだからBは誤り。

(2)　「あ」が正しい。水道を整備することで汚い水が少なくなり，そこから発生する伝染病を防ぐことができる。

(3)　「う」が正しい。2011年の東日本大震災は，震源地に近かった東北地方に壊滅的な被害をもたらし，福島第一原子力発電所では放射能漏れの事故が起こった。この事故の影響を受け，全国の原子力発電所は安全点検のため稼働を停止し，新たな安全基準のもとで可動の判定を行っているため，可動している原子力発電所は数基にとどまっている。

(4)　「え」が正しい。インターネットを利用した犯罪は増加している。マスメディアの報道でも，自分で正しいかどうかを判断するメディアリテラシーが必要である。

4　(1)　「あ」が誤り。天皇は象徴であって主権はないので，政治に関わることはできない。

(2)　「え」が誤り。衆議院議員総選挙の投票率は50％台と低迷している。

(3)　「う」が誤り。裁判官を裁く権利(弾劾)は，国会が持つ権限である。

(4)　「う」が誤り。裁判員裁判は，重大な刑事事件の１審で行われ，６人の裁判員と３人の裁判官によって審議され，被告人の刑罰の有無と量刑を話し合うものである。

《国 語》

問題非公開のため省略

《算 数》

1 (1) 4　(2) 40.8　(3)(ア) 6　(イ) 16　(4) 19.25　(5) 287

　(6)①(ア) $\frac{5}{6}$　(イ) −　(ウ) $\frac{4}{5}$　②(ア) $\frac{5}{6}$　(イ) ÷　(ウ) $\frac{1}{2}$　(7) $11\frac{5}{6}$　(8) 1318.8　(9) 42

2 (1) 16　(2) 15　(3) 21, 30, 60　(4) 65, 77, 78, 110, 156

3 (1)(ア) 37　(イ) 76　(2)(ア) 326　(イ) 654

《理 科》

1 (1) 1.7　(2) 25, 4　原因…エ　(3) オ　(4) ウ

2 (1) 晴れ　(2) 雨雲…オ　入道雲…ウ　(3) 最高気温…エ　最低気温…ア　(4) イ

　(5)① せまく　② 速い　③ 大きく　④ 角ばっている

3 (1) 受精　(2) ア. モンシロチョウ　イ. 乳　ウ. たまごのから　(3) たいばん

　(4) ア, イ　(5) ア, ウ, エ　(6) 右図

4 (1) ウ　(2) ③　(3) ウ　(4) 右図　(5)① 固体　② 液体　③ 液体　④ 気体　⑤ 固体

3(6)の図

線こう

4(4)の図

《社 会》

1 (1) あ　(2) う　(3) い　(4) え　(5)① サウジアラビア　② かんこく　③ ぐんま　(6)① お　② う　③ え

2 (1) あ　(2) う　(3) い　(4) い　(5) あ

3 (1) あ　(2) え　(3) え

4 (1) え　(2) う　(3) い　(4) い　(5) う　(6) あ　(7) い　(8)① く　② う　(9) え　(10) ゲンバクドーム

←解答例は前ページにありますので，そちらをご覧ください。

══《2018　算数　解説》══

1　(1)　与式＝$\frac{28}{100}×\frac{11}{7}÷(0.2-0.09)=\frac{11}{25}÷0.11=\frac{11}{25}÷\frac{11}{100}=\frac{11}{25}×\frac{100}{11}=4$

(2)　1 L＝1000mL，1 mL＝1㎤なので，0.34 L＝(0.34×1000)mL＝340mL＝340㎤である。

よって，340×0.12＝40.8(㎤)である。

(3)　(ア)は時間が4分のときと比べると，$\frac{2}{4}=\frac{1}{2}$(倍)なので，水の深さは$12×\frac{1}{2}=6$(㎝)である。(イ)は水の深さが12㎝のときと比べると，$\frac{48}{12}=4$(倍)なので，時間は4×4＝16(分)である。

(4)　積がもっとも小さくなるのは，それぞれの数が一番小さいときである。小数第一位で四捨五入して4になる数のうち，一番小さい数は3.5，小数第一位で四捨五入して6になる数のうち，一番小さい数は5.5である。

よって，求める積は，3.5×5.5＝19.25である。

(5)　5年生全員のとんだ長さの合計は，278×13＝3614(㎝)，6年生全員のとんだ長さの合計は，293×18＝5274(㎝)である。したがって，5年生と6年生をあわせた31人のとんだ長さの合計は，3614＋5274＝8888(㎝)である。よって，求める平均は，8888÷31＝286.7…より，287㎝である。

(6)　5つの分数が1より小さい数であることに注意する。
また，5つの分数の大きさを右図のように表すとわかりやすい。
計算した答えについて，和と差，積と商の2つにわけて考える。

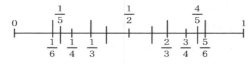

① 和と差では，答えが小さくなるのは差である。図より，もっとも小さくなる差は，$\frac{5}{6}-\frac{4}{5}=\frac{25}{30}-\frac{24}{30}=\frac{1}{30}$である。1より小さい数の積と商では，答えが小さくなるのは積である。小さい数をかけたときに小さくなるので，もっとも小さくなる積は，$\frac{1}{2}×\frac{2}{3}=\frac{1}{3}$である。よって，答えがもっとも小さくなるのは，$\frac{5}{6}-\frac{4}{5}$のときとわかる。

② 和と差では，答えが大きくなるのは和である。もっとも大きくなる和は，$\frac{5}{6}+\frac{4}{5}=\frac{25}{30}+\frac{24}{30}=\frac{49}{30}$である。1より小さい数の積と商では，答えが大きくなるのは商である。もっとも大きくなる商は，一番大きい数を一番小さい数で割るときなので，$\frac{5}{6}÷\frac{1}{2}=\frac{5}{6}×\frac{2}{1}=\frac{5}{3}$である。よって，答えがもっとも大きくなるのは，$\frac{5}{6}÷\frac{1}{2}$のときとわかる。

(7)　四角形ＤＰＱＲの面積は，(台形ＰＢＣＤの面積)－(三角形ＰＢＱの面積)－(三角形ＱＣＲの面積)で求められる。台形ＰＢＣＤの面積は，上底がＰＢ＝$\frac{4}{2}=2$(㎝)，下底がＣＤ＝7㎝，高さがＢＣ＝4㎝なので，(2＋7)×4÷2＝18(㎠)である。三角形ＰＢＱの面積は，底辺がＢＱ＝$\frac{4}{3}×2=\frac{8}{3}$(㎝)，高さがＰＢ＝2㎝なので，$\frac{8}{3}×2÷2=\frac{8}{3}$(㎠)である。三角形ＱＣＲの面積は，底辺がＱＣ＝$\frac{4}{3}$㎝，高さがＲＣ＝$\frac{7}{4}×3=\frac{21}{4}$(㎝)なので$\frac{4}{3}×\frac{21}{4}÷2=\frac{7}{2}$(㎠)である。よって，求める面積は，$18-\frac{8}{3}-\frac{7}{2}=\frac{108}{6}-\frac{16}{6}-\frac{21}{6}=\frac{71}{6}=11\frac{5}{6}$(㎠)である。

(8)　元の円柱の半径が，20÷2＝10(㎝)，くりぬいた円柱の半径が，8÷2＝4(㎝)である。よって，求める体積は，10×10×3.14×5－4×4×3.14×5＝(100－16)×3.14×5＝1318.8(㎤)である。

(9)　たてをa等分，横をb等分すると考えると，分割してできた長方形の長さの比が2：3なので，(2×a)：(3×b)＝7：9となる。これより，a：b＝$\frac{7}{2}:\frac{9}{3}=7:6$となる。よって，分割された長方形の数がもっとも少なくなるのは，たてを7等分，横を6等分に分割したときなので，分割された長方形の数は，

$7 \times 6 = 42$（個）とわかる。

2

(1) 右の筆算より，132 を素数の積で表すと，$2 \times 2 \times 3 \times 11$ となる。したがって，132 の約数のうち素数であるものは 2，3，11 とわかるから，合計は $2 + 3 + 11 = 16$ である。

$$\begin{array}{r} 2\,)\,\underline{132} \\ 2\,)\,\underline{66} \\ 3\,)\,\underline{33} \\ 11 \end{array}$$

(2) 素数を小さい数から並べると，2，3，5，7，…である。素数の合計が 8 なので，あ の約数のうちの素数は，3 と 5 の組み合わせとわかる。3 と 5 を約数にもつ最小の整数は $3 \times 5 = 15$ である。この数に 3，5 以外の素数をかけてできる数は，かけた素数を約数にもつようになるため，条件に合わない。これより，素数の合計が 8 となる 2 番目の数は $15 \times 3 = 45$ となって，30 より大きくなる。よって，あ は 15 である。

(3) (2)と同じように考えると，い の約数のうち素数の組み合わせは，2 と 3 と 5 の組み合わせか，3 と 7 の組み合わせとわかる。2，3，5 を約数にもつ整数のうち素数の合計が 10 となる数は，小さい方から順に $2 \times 3 \times 5 = 30$，$30 \times 2 = 60$，$30 \times 3 = 90$，…となる。このうち，60 以下の数は 30，60 である。
3，7 を約数にもつ整数のうち素数の合計が 10 となる数は，小さい方から順に $3 \times 7 = 21$，$21 \times 3 = 62$，…となる。このうち，60 以下の数は 21 である。以上より，小さい順に，21，30，60 である。

(4) (2)と同じように考える。素数は小さい数から，2，3，5，7，11，13，17，…である。素数の合計が 18 なので，う の約数のうち素数の組み合わせは，2 と 3 と 13，2 と 5 と 11，5 と 13，7 と 11 の 4 通りある。
2，3，13 を約数にもつ整数のうち素数の合計が 18 となる数は，小さい方から順に $2 \times 3 \times 13 = 78$，$78 \times 2 = 156$，$78 \times 3 = 234$，…となり，200 以下の数は 78，156 である。2 と 5 と 11 を約数にもつ整数のうち素数の合計が 18 となる数は，小さい方から順に $2 \times 5 \times 11 = 110$，$110 \times 2 = 220$，…となり，200 以下の数は 110 である。5，13 を約数にもつ整数のうち素数の合計が 18 となる数は，小さい方から順に $5 \times 13 = 65$，$65 \times 5 = 325$，…となり，200 以下の数は 65 である。7 と 11 を約数にもつ整数のうち素数の合計が 18 となる数は，小さい方から順に $7 \times 11 = 77$，$77 \times 7 = 539$，…となり，200 以下の数は 77 である。以上より，小さい順に，65，77，78，110，156 である。

3 方眼 1 個の面積は $1 \times 1 = 1$（cm²）だから，求める図形の面積は，ぬりつぶした方眼の個数に等しい。したがって，手順 n まで終えたときの面積は $1 + (1 + 2 + 3 + \cdots + n)$（cm²）となる。また，右図を例に周りの長さを考えると，太線の長さを求めればよい。このとき，○印を付けた辺をのぞくと，ぬりつぶしたそれぞれの方眼の 2 辺がふくまれているから，
（周りの長さ）＝（ぬりつぶした方眼の個数）× 2 ＋ 2（cm）となる。

(1) 面積は，$1 + (1 + 2 + \cdots + 8)$（cm²）となる。1 から 8 までの連続する整数の和の 2 倍は，右の筆算より 9×8 となるから，1 から 8 までの連続する整数の和は $\dfrac{9 \times 8}{2} = 36$ となる。よって，求める面積は，$1 + 36 = 37$（cm²）である。
また，求める周りの長さは，$37 \times 2 + 2 = 76$（cm）である。

$$\begin{array}{r} 1 + 2 + 3 + \cdots\cdots + 8 \\ +)\ \underline{8 + 7 + 6 + \cdots\cdots + 1} \\ 9 + 9 + 9 + \cdots\cdots + 9 \end{array}$$

(2) 面積は，$1 + (1 + 2 + \cdots + 25)$（cm²）となる。1 から 25 までの連続する整数の和の 2 倍は，右の筆算より 26×25 となるから，1 から 25 までの連続する整数の和は $\dfrac{26 \times 25}{2} = 325$ となる。よって，求める面積は，$1 + 325 = 326$（cm²）である。
また，求める周りの長さは，$326 \times 2 + 2 = 654$（cm）である。

$$\begin{array}{r} 1 + 2 + 3 + \cdots\cdots + 25 \\ +)\ \underline{25 + 24 + 23 + \cdots\cdots + 1} \\ 26 + 26 + 26 + \cdots\cdots + 26 \end{array}$$

1　(1)　ふりこの長さが 75 cmのとき，5回の測定の平均は(17.4＋17.3＋17.5＋17.4＋17.3)÷5＝17.38(秒)である。こ
れが 10 往復する時間なので，1往復する時間は 17.38÷10＝1.738→1.7 秒である。

(2)　ふりこの長さが 25 cmのときの4回目の測定は，他の4回と比べて約1秒短い。ふりこ1往復する時間はふり
この長さによって決まり，ふりこの長さが長いとふりこが1往復する時間は長くなる。ア．ふりこの長さが長くなっ
たとしたら，10 往復する時間は他と比べて長くなるので誤り。イ，ウ．ふりこが 10 往復する時間は，ふりこのふれ
はばの影響を受けないので誤り。オ．11 往復する時間であれば，他と比べて約1秒長くなるので誤り。

(3)　イとエの内容は正しいが，この実験ではおもりの重さやふりこのふれはばを変えて測定をしていないので，この
実験結果からわかることではない。

(4)　8往復するのに 12.8 秒かかっているので，10 往復するには $12.8×\frac{10}{8}＝16$(秒)かかると考えられる。ふりこが
10 往復するのにかかる時間は，ふりこの長さによって決まり，ふりこの長さが長いほど長くなるので，結果の表よ
り，このときのふりこの長さは 50 cm〜75 cm の間の長さだと考えられる。

2　(1)　空全体を 10 としたとき，雲の量が0〜8のときは晴れ(0，1のときを特に快晴という)，9，10 のときはくも
りである。雲の量が7であれば，晴れである。

(3)(4)　太陽は東の地平線からのぼって，南の空で最も高くなり，西の地平線にしずんでいく。太陽が南の空で最も高
くなるのは正午ごろなので，真南の空に向かって設置されていたソーラーパネルに当たる光の量は，正午ごろに最も
多くなる(光電池がつくる電気の量が最も多くなる)。しかし，太陽の光は直接空気をあたためない。空気は，太陽の
光によってあたためられた地面によってあたためられるので，気温が最も高くなるのは正午より少しあとの時間であ
る。また，気温が最も低くなるのは日の出の直前である。

(5)　①②上流は川のかたむきが急である。このため，水が流れる速さが速く，川底を大きくけずるため，川はばはせ
まく，川底は深くなりやすい。③④石は，川を流れる間に川底や他の石にぶつかって角がとれ，丸みをおびていく。
したがって，下流の石ほど大きさは小さく，形は丸みをおびている。

3　(2)　ア．ヒトの卵は約 0.1 mm，モンシロチョウのたまごは約1mmである。

(3)　たいばんでは，母親の血液から酸素や栄養が胎児の血液にわたされ，胎児の血液から二酸化炭素などの不要物
が母親の血液にわたされるが，母親の血液と胎児の血液が混ざらないようになっている。

(4)　ウ．約4週で心臓が動き始める。エ．約8週で手や足の形がはっきりしてくる。オ．約 38 週で生まれ出てくる。

(5)　イ．たまごからかえったばかりの幼虫は，黄色である。オ．さなぎから出てきた成虫は，はねがのびるまでじっ
としている。

4　(2)　ろうそくが燃え続けるには新しい空気(酸素)が必要である。①〜③の中では，上が大きく
あいている③で，右図のように空気の流れができて，ろうそくが燃え続ける。

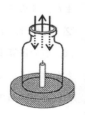

(3)　ア．ろうそくを燃やす前に割合が最も大きかった気体はちっ素であり，ちっ素はものが燃
えるときに使われたり，できたりしないので，燃やしたあとも体積の割合が最も大きい。

イ，エ．ろうそくを燃やす前に割合が2番目に大きかった気体は酸素であり，ろうそくを燃や
すのに使われて割合が小さくなるが，すべて使われるわけではなく，燃やしたあとの体積の割

合も２番目に大きい。石かい水を白くにごらせるのは二酸化炭素である。ウ．ろうそくを燃やすことで割合が大きくなった気体には二酸化炭素があり，二酸化炭素は水にとけると酸性を示すので，赤色リトマス紙の色を変化させない。

(4) 燃えたあとの軽くなった空気は上から出ていき，下から新しい空気が入ってくるので，よく燃える。

(5) ものは温度によって，固体，液体，気体と姿を変える。ろうそくのろうも，火をつける前は固体だが，あたためられると液体となり，液体がしんを伝わり，しんの先でさらに熱せられて気体となって燃える。火を消すと温度が下がるので，しんの中にしみこんでいた液体のろうが固体になって，しんはかたくなる。

═《2018 社会 解説》═

(1) あ．正しい。イギリスの旧グリニッジ天文台を通る経度０度の経線を本初子午線という。　い．誤り。緯度０度の線（赤道）を基準にして，北側を北半球，南側を南半球という。　う．誤り。北アメリカ大陸は北半球にあり，南半球にまたがっていない。　え．誤り。アフリカ大陸は太平洋に面していない。

(2) あ．誤り。日本列島は北東から南西の方向に弓なりにならんでいる。
い．誤り。日本の端については右表参照。　う．正しい。現在もふん火する活火山には関東地方の浅間山や，九州地方の阿蘇山・桜島などがある。
え．誤り。静岡市よりも新潟市のほうが冬の降水量は多い。新潟市は日本

最北端		最西端	
島名	所属	島名	所属
択捉島	北海道	与那国島	沖縄県
最東端		最南端	
島名	所属	島名	所属
南鳥島	東京都	沖ノ鳥島	東京都

海側に位置しているので，北西季節風の影響を受けるためである。静岡市は夏の南東季節風の影響を受けるため，夏の降水量が多い。

(3) い．誤り。漁獲量は沖合漁業が最も多い。

(4) え．牛肉や小麦は，ヨーロッパやアフリカではなくアメリカやオーストラリアから多く輸入している。

(5)① 「イスラム教の聖地であるメッカ・メディナ」「最も多く石油を輸入」からサウジアラビアだとわかる。
② 「2018年２月に冬季オリンピックが開催」「半島」「南側」から韓国だとわかる。なお，「日本へ仏教や米作り」を伝えたのは渡来人である。　　③ 「2014年に〜工場が世界遺産に登録」から富岡製糸場を導き出せるので，群馬県だとわかる。また，「夏でもすずしい気候を生かしてキャベツなどを多く生産（高冷地農業による抑制栽培）」も手がかりになる。

(6)① ウは青森県や長野県が上位なのでりんご，エは野菜の生産がさかんな茨城県や，促成栽培のさかんな宮崎県が上位なのでピーマンと判断できる。アはみかん，イはじゃがいも，オはぶどう，カはトマトの生産量上位県である。
② あ．誤り。中国の生産台数の割合は，28119÷2069＝13.59…なので，2016年は2000年の15倍以下である。
い．誤り。世界の自動車生産台数は，この表のデータからはわからない。　う．正しい。４か国の生産台数の合計にしめる日本の生産台数の割合はそれぞれ，2000年が33.2％，2010年が24.4％，2016年が18.2％である。　え．誤り。2000年よりも2010年のほうが生産台数の多い国は中国とドイツの2か国である。　　③X．誤り。日本が高度経済成長を達成した時期は，1950年代後半から1970年代初めにかけてである。　　Y．誤り。近年は労働力が豊富で賃金の安い中国や東南アジアに工場を移し，そこで生産された製品を日本に輸入することが増えてきているために，輸入額が増えてきている。

2 (1) AとBともに正しいと判断した。AとBはともに著作権に対する考え方であり、これらを示した上で権者の許可を得る必要がある。

(2) Aについて、110番通報するときや119番通報するときは、場所だけでなく、現場の様子や時間、自分の連絡先なども伝えるべきなので誤り。

(3) Bについて、不用品のリサイクル（使い終わったものを再度資源に戻して製品を作ること）よりも、不用品の再利用（リユース）のほうがむだに資源を使わなくてすむので誤り。

(4) Bについて、日本の森林面積は過去40年間ほとんど増減はないので誤り。

3 (1) あ．誤り。国の予算案をつくるのは内閣の仕事である。

(2) え．誤り。最高裁判所の裁判官は投票で選ばれるのではなく、適任・不適任を国民によって審査される（国民審査）。

(3) え．外国と条約を結ぶのは内閣の役割である。

4 (1) え．誤り。卑弥呼が魏に使いを送り、「親魏倭王」の称号のほか、銅鏡を授かったことが、中国の歴史書『魏志倭人伝』に記されている。

(2) 東大寺に大仏がつくられたのは奈良時代である。「う」の「大和絵」は平安時代の絵画の技法なので誤り。

(3) 「鎌倉幕府」「北条氏」から執権のいを選ぶ。

(4) 京都に幕府が置かれていたのは室町時代である。「い」の「浮世絵」は江戸時代に流行した絵画なので誤り。

(5) う．誤り。大名が勝手に領地の城を修理することを禁じたのは武家諸法度である。武家諸法度は、1615年、徳川家康の命令で徳川秀忠のときに初めて定められた。あは刀狩、いは太閤検地の内容である。

(6) あ．誤り。江戸時代の百姓の人口は、人口全体の約85%であった。

(7) 「あ」の市川団十郎は歌舞伎俳優、「う」の葛飾北斎と「え」の歌川広重は浮世絵師である。

(8)① ウ．1868年、五箇条の御誓文により、世論に従って新しい政治を行うという政府の方針を誓う文が発表された。→イ．1877年、政府に不満を持った旧武士たちが、政府を去り鹿児島に帰った西郷隆盛をかつぎあげて西南戦争を起こした。→ア・エ．1881年、政府が10年後の国会の開設を約束すると、同年、板垣退助は自由党を、翌年、大隈重信は立憲改進党を結成し、国会の開設に備えた。 ② う．誤り。政治の方針を決める主権をもっていたのは、帝国議会ではなく天皇である。

(9) （イ）には絹織物、（ウ）には綿織物が入る。

(10) 「1945年8月6日」「世界文化遺産」から原爆ドームを導き出そう。原爆ドームは原子爆弾が投下されたときの被害を象徴する建物で、当時のままに保存されている。

■ ご使用にあたってのお願い・ご注意

（1）問題文等の非掲載

著作権上の都合により，問題文や図表などの一部を掲載できない場合があります。

誠に申し訳ございませんが，ご了承くださいますようお願いいたします。

（2）過去問における時事性

過去問題集は，学習指導要領の改訂や社会状況の変化，新たな発見などにより，現在とは異なる表記や解説になっている場合があります。過去問の特性上，出題当時のままで出版していますので，あらかじめご了承ください。

（3）配点

学校等から配点が公表されている場合は，記載しています。公表されていない場合は，記載していません。

独自の予想配点は，出題者の意図と異なる場合があり，お客様が学習するうえで誤った判断をしてしまう恐れがあるため記載していません。

（4）無断複製等の禁止

購入された個人のお客様が，ご家庭でご自身またはご家族の学習のためにコピーをすることは可能ですが，それ以外の目的でコピー，スキャン，転載（ブログ，ＳＮＳなどでの公開を含みます）などをすることは法律により禁止されています。学校や学習塾などで，児童生徒のためにコピーをして使用することも法律により禁止されています。

ご不明な点や，違法な疑いのある行為を確認された場合は，弊社までご連絡ください。

（5）けがに注意

この問題集は針を外して使用します。針を外すときは，けがをしないように注意してください。また，表紙カバーや問題用紙の端で手指を傷つけないように十分注意してください。

（6）正誤

制作には万全を期しておりますが，万が一誤りなどがございましたら，弊社までご連絡ください。

なお，誤りが判明した場合は，弊社ウェブサイトの「ご購入者様のページ」に掲載しておりますので，そちらもご確認ください。

■ お問い合わせ

解答例，解説，印刷，製本など，問題集発行におけるすべての責任は弊社にあります。

ご不明な点がございましたら，弊社ウェブサイトの「お問い合わせ」フォームよりご連絡ください。迅速に対応いたしますが，営業日の都合で回答に数日を要する場合があります。

ご入力いただいたメールアドレス宛に自動返信メールをお送りしています。自動返信メールが届かない場合は，「よくある質問」の「メールの問い合わせに対し返信がありません。」の項目をご確認ください。

また弊社営業日（平日）は，午前９時から午後５時まで，電話でのお問い合わせも受け付けています。

2025 春

株式会社教英出版

〒422-8054　静岡県静岡市駿河区南安倍３丁目 12-28

TEL　054-288-2131　　FAX　054-288-2133

URL　https://kyoei-syuppan.net/

MAIL　siteform@kyoei-syuppan.net

K 教英出版　2025　24 の 1　広島大学附属福山中

教英出版の親子で取りくむシリーズ

公立中高一貫校とは？適性検査とは受検を考えはじめた親子のための最初の1冊！

「概要編」では公立中高一貫校の仕組みや適性検査の特徴をわかりやすく説明し，「例題編」では実際の適性検査の中から，よく出題されるパターンの問題を厳選して紹介しています。実際の問題紙面も掲載しているので受検を身近に感じることができます。

- 公立中高一貫校を知ろう！
- 適性検査を知ろう！
- 教科的な問題〈適性検査ってこんな感じ〉
- 実技的な問題〈さらにはこんな問題も！〉
- おさえておきたいキーワード

定価：**1,078**円（本体980＋税）

適性検査の作文問題にも対応！「書けない」を「書けた！」に導く合格レッスン

「実力養成レッスン」では，作文の技術や素材の見つけ方，書き方や教え方を対話形式でわかりやすく解説。実際の入試作文をもとに，とり外して使える解答用紙に書き込んでレッスンをします。赤ペンの添削例や，「添削チェックシート」を参考にすれば，お子さんが書いた作文をていねいに添削することができます。

- レッスン1 作文の基本と，書くための準備
- レッスン2 さまざまなテーマの入試作文
- レッスン3 長文の内容をふまえて書く入試作文
- 実力だめし！入試作文
- 別冊「添削チェックシート・解答用紙」付き

定価：**1,155**円（本体1,050＋税）

教英出版　2025年春受験用　中学入試問題集

学校別問題集
★はカラー問題対応

北　海　道
① [市立] 札幌開成中等教育学校
② 藤　女　子　中　学　校
③ 北　嶺　中　学　校
④ 北 星 学 園 女 子 中 学 校
⑤ 札 幌 大 谷 中 学 校
⑥ 札 幌 光 星 中 学 校
⑦ 立 命 館 慶 祥 中 学 校
⑧ 函 館 ラ・サ ー ル 中 学 校

青　森　県
① [県立] 三本木高等学校附属中学校

岩　手　県
① [県立] 一関第一高等学校附属中学校

宮　城　県
① [県立] 宮城県古川黎明中学校
② [県立] 宮城県仙台二華中学校
③ [市立] 仙台青陵中等教育学校
④ 東 北 学 院 中 学 校
⑤ 仙 台 白 百 合 学 園 中 学 校
⑥ 聖ウルスラ学院英智中学校
⑦ 宮 城 学 院 中 学 校
⑧ 秀　光　中　学　校
⑨ 古 川 学 園 中 学 校

秋　田　県
① [県立] ┌ 大館国際情報学院中学校
　　　　 │ 秋田南高等学校中等部
　　　　 └ 横手清陵学院中学校

山　形　県
① [県立] ┌ 東 桜 学 館 中 学 校
　　　　 └ 致 道 館 中 学 校

福　島　県
① [県立] ┌ 会 津 学 鳳 中 学 校
　　　　 └ ふたば未来学園中学校

茨　城　県
① [県立] ┌ 日立第一高等学校附属中学校
　　　　 │ 太田第一高等学校附属中学校
　　　　 │ 水戸第一高等学校附属中学校
　　　　 │ 鉾田第一高等学校附属中学校
　　　　 │ 鹿島高等学校附属中学校
　　　　 │ 土浦第一高等学校附属中学校
　　　　 │ 竜ヶ崎第一高等学校附属中学校
　　　　 │ 下館第一高等学校附属中学校
　　　　 │ 下妻第一高等学校附属中学校
　　　　 │ 水海道第一高等学校附属中学校
　　　　 │ 勝 田 中 等 教 育 学 校
　　　　 │ 並 木 中 等 教 育 学 校
　　　　 └ 古 河 中 等 教 育 学 校

栃　木　県
① [県立] ┌ 宇都宮東高等学校附属中学校
　　　　 │ 佐野高等学校附属中学校
　　　　 └ 矢板東高等学校附属中学校

群　馬　県
① ┌ [県立] 中 央 中 等 教 育 学 校
　│ [市立] 四ツ葉学園中等教育学校
　└ [市立] 太　田　中　学　校

埼　玉　県
① [県立] 伊 奈 学 園 中 学 校
② [市立] 浦　和　中　学　校
③ [市立] 大宮国際中等教育学校
④ [市立] 川口市立高等学校附属中学校

千　葉　県
① [県立] ┌ 千　葉　中　学　校
　　　　 └ 東 葛 飾 中 学 校
② [市立] 稲毛国際中等教育学校

東　京　都
① [国立] 筑波大学附属駒場中学校
② [都立] 白鷗高等学校附属中学校
③ [都立] 桜修館中等教育学校
④ [都立] 小石川中等教育学校
⑤ [都立] 両国高等学校附属中学校
⑥ [都立] 立川国際中等教育学校
⑦ [都立] 武蔵高等学校附属中学校
⑧ [都立] 大泉高等学校附属中学校
⑨ [都立] 富士高等学校附属中学校
⑩ [都立] 三 鷹 中 等 教 育 学 校
⑪ [都立] 南多摩中等教育学校
⑫ [区立] 九 段 中 等 教 育 学 校
⑬ 開　成　中　学　校
⑭ 麻　布　中　学　校
⑮ 桜　蔭　中　学　校
⑯ 女 子 学 院 中 学 校
★⑰ 豊島岡女子学園中学校
⑱ 東京都市大学等々力中学校
⑲ 世 田 谷 学 園 中 学 校
★⑳ 広尾学園中学校（第2回）
★㉑ 広尾学園中学校(医進・サイエンス回)
㉒ 渋谷教育学園渋谷中学校(第1回)
㉓ 渋谷教育学園渋谷中学校(第2回)
㉔ 東京農業大学第一高等学校中等部
　　（2月1日 午後）
㉕ 東京農業大学第一高等学校中等部
　　（2月2日 午後）

神　奈　川　県

- ①[県立] 相模原中等教育学校
  平塚中等教育学校
- ②[市立] 南高等学校附属中学校
- ③[市立] 横浜サイエンスフロンティア高等学校附属中学校
- ④[市立] 川崎高等学校附属中学校
- ★⑤聖　光　学　院　中　学　校
- ★⑥浅　野　中　学　校
- ⑦洗　足　学　園　中　学　校
- ⑧法　政　大　学　第　二　中　学　校
- ⑨逗子開成中学校（１次）
- ⑩逗子開成中学校（2・3次）
- ⑪神奈川大学附属中学校（第1回）
- ⑫神奈川大学附属中学校（第2・3回）
- ⑬栄　光　学　園　中　学　校
- ⑭フェリス女学院中学校

新　潟　県

- ①[県立] 村上中等教育学校
  柏崎翔洋中等教育学校
  燕中等教育学校
  津南中等教育学校
  直江津中等教育学校
  佐渡中等教育学校
- ②[市立] 高志中等教育学校
- ③新　潟　第　一　中　学　校
- ④新　潟　明　訓　中　学　校

石　川　県

- ①[県立] 金沢錦丘中学校
- ②星　稜　中　学　校

福　井　県

- ①[県立] 高　志　中　学　校

山　梨　県

- ①山　梨　英　和　中　学　校
- ②山　梨　学　院　中　学　校
- ③駿　台　甲　府　中　学　校

長　野　県

- ①[県立] 屋代高等学校附属中学校
  諏訪清陵高等学校附属中学校
- ②[市立] 長　野　中　学　校

岐　阜　県

- ①岐　阜　東　中　学　校
- ②鶯　谷　中　学　校
- ③岐阜聖徳学園大学附属中学校

静　岡　県

- ①[国立] 静岡大学教育学部附属中学校
  （静岡・島田・浜松）
- ②[県立] 清水南高等学校中等部
  [県立] 浜松西高等学校中等部
  [市立] 沼津高等学校中等部
- ③不二聖心女子学院中学校
- ④日本大学三島中学校
- ⑤加藤学園暁秀中学校
- ⑥星　陵　中　学　校
- ⑦東海大学付属静岡翔洋高等学校中等部
- ⑧静岡サレジオ中学校
- ⑨静岡英和女学院中学校
- ⑩静岡雙葉中学校
- ⑪静岡聖光学院中学校
- ⑫静岡学園中学校
- ⑬静岡大成中学校
- ⑭城南静岡中学校
- ⑮静岡北中学校
- ⑯常葉大学附属常葉中学校
  常葉大学附属橘中学校
  常葉大学附属菊川中学校
- ⑰藤枝明誠中学校
- ⑱浜松開誠館中学校
- ⑲静岡県西遠女子学園中学校
- ⑳浜松日体中学校
- ㉑浜松学芸中学校

愛　知　県

- ①[国立] 愛知教育大学附属名古屋中学校
- ②愛知淑徳中学校
- ③名古屋経済大学市邨中学校
  名古屋経済大学高蔵中学校
- ④金城学院中学校
- ⑤椙山女学園中学校
- ⑥東　海　中　学　校
- ⑦南山中学校男子部
- ⑧南山中学校女子部
- ⑨聖　霊　中　学　校
- ⑩滝　中　学　校
- ⑪名　古　屋　中　学　校
- ⑫大　成　中　学　校

（右列上部）

- ⑬愛　知　中　学　校
- ⑭星　城　中　学　校
- ⑮名古屋葵大学中学校
  （名古屋女子大学中学校）
- ⑯愛知工業大学名電中学校
- ⑰海陽中等教育学校(特別給費生)
- ⑱海陽中等教育学校（Ⅰ・Ⅱ）
- ⑲中部大学春日丘中学校
- 新刊⑳名　古　屋　国　際　中　学　校

三　重　県

- ①[国立] 三重大学教育学部附属中学校
- ②暁　中　学　校
- ③海　星　中　学　校
- ④四日市メリノール学院中学校
- ⑤高　田　中　学　校
- ⑥セントヨゼフ女子学園中学校
- ⑦三　重　中　学　校
- ⑧皇　學　館　中　学　校
- ⑨鈴鹿中等教育学校
- ⑩津田学園中学校

滋　賀　県

- ①[国立] 滋賀大学教育学部附属中学校
- ②[県立] 河　瀬　中　学　校
  守　山　中　学　校
  水　口　東　中　学　校

京　都　府

- ①[国立] 京都教育大学附属桃山中学校
- ②[府立] 洛北高等学校附属中学校
- ③[府立] 園部高等学校附属中学校
- ④[府立] 福知山高等学校附属中学校
- ⑤[府立] 南陽高等学校附属中学校
- ⑥[市立] 西京高等学校附属中学校
- ⑦同　志　社　中　学　校
- ⑧洛　星　中　学　校
- ⑨洛南高等学校附属中学校
- ⑩立　命　館　中　学　校
- ⑪同　志　社　国　際　中　学　校
- ⑫同志社女子中学校（前期日程）
- ⑬同志社女子中学校（後期日程）

大　阪　府

- ①[国立] 大阪教育大学附属天王寺中学校
- ②[国立] 大阪教育大学附属平野中学校
- ③[国立] 大阪教育大学附属池田中学校

④[府立]富田林中学校
⑤[府立]咲くやこの花中学校
⑥[府立]水都国際中学校
⑦清　風　中　学　校
⑧高槻中学校（Ａ日程）
⑨高槻中学校（Ｂ日程）
⑩明　星　中　学　校
⑪大阪女学院中学校
⑫大　谷　中　学　校
⑬四天王寺中学校
⑭帝塚山学院中学校
⑮大阪国際中学校
⑯大阪桐蔭中学校
⑰開　明　中　学　校
⑱関西大学第一中学校
⑲近畿大学附属中学校
⑳金蘭千里中学校
㉑金光八尾中学校
㉒清風南海中学校
㉓帝塚山学院泉ヶ丘中学校
㉔同志社香里中学校
㉕初芝立命館中学校
㉖関西大学中等部
㉗大阪星光学院中学校

兵　　庫　　県
①[国立]神戸大学附属中等教育学校
②[県立]兵庫県立大学附属中学校
③雲雀丘学園中学校
④関西学院中学部
⑤神戸女学院中学部
⑥甲陽学院中学校
⑦甲　南　中　学　校
⑧甲南女子中学校
⑨灘　　中　　学　　校
⑩親　和　中　学　校
⑪神戸海星女子学院中学校
⑫滝　川　中　学　校
⑬啓明学院中学校
⑭三　田　学　園　中　学　校
⑮淳心学院中学校
⑯仁川学院中学校
⑰六甲学院中学校
⑱須磨学園中学校（第1回入試）
⑲須磨学園中学校（第2回入試）
⑳須磨学園中学校（第3回入試）
㉑白　陵　中　学　校

㉒夙　川　中　学　校

奈　　良　　県
①[国立]奈良女子大学附属中等教育学校
②[国立]奈良教育大学附属中学校
③[県立]{ 国　際　中　学　校 / 青　翔　中　学　校 }
④[市立]一条高等学校附属中学校
⑤帝　塚　山　中　学　校
⑥東大寺学園中学校
⑦奈良学園中学校
⑧西大和学園中学校

和　歌　山　県
①[県立]{ 古佐田丘中学校 / 向　陽　中　学　校 / 桐　蔭　中　学　校 / 日高高等学校附属中学校 / 田　辺　中　学　校 }
②智辯学園和歌山中学校
③近畿大学附属和歌山中学校
④開　智　中　学　校

岡　　山　　県
①[県立]岡山操山中学校
②[県立]倉敷天城中学校
③[県立]岡山大安寺中等教育学校
④[県立]津　山　中　学　校
⑤岡　山　中　学　校
⑥清　心　中　学　校
⑦岡山白陵中学校
⑧金光学園中学校
⑨就　実　中　学　校
⑩岡山理科大学附属中学校
⑪山陽学園中学校

広　　島　　県
①[国立]広島大学附属中学校
②[国立]広島大学附属福山中学校
③[県立]広　島　中　学　校
④[県立]三　次　中　学　校
⑤[県立]広島叡智学園中学校
⑥[市立]広島中等教育学校
⑦[市立]福　山　中　学　校
⑧広島学院中学校
⑨広島女学院中学校
⑩修　道　中　学　校

⑪崇　徳　中　学　校
⑫比治山女子中学校
⑬福山暁の星女子中学校
⑭安田女子中学校
⑮広島なぎさ中学校
⑯広島城北中学校
⑰近畿大学附属広島中学校福山校
⑱盈　進　中　学　校
⑲如水館中学校
⑳ノートルダム清心中学校
㉑銀河学院中学校
㉒近畿大学附属広島中学校東広島校
㉓Ａ　Ｉ　Ｃ　Ｊ　中　学　校
㉔広島国際学院中学校
㉕広島修道大学ひろしま協創中学校

山　　口　　県
①[県立]{ 下関中等教育学校 / 高森みどり中学校 }
②野田学園中学校

徳　　島　　県
①[県立]{ 富岡東中学校 / 川　島　中　学　校 / 城ノ内中等教育学校 }
②徳島文理中学校

香　　川　　県
①大手前丸亀中学校
②香川誠陵中学校

愛　　媛　　県
①[県立]{ 今治東中等教育学校 / 松山西中等教育学校 }
②愛　光　中　学　校
③済美平成中等教育学校
④新田青雲中等教育学校

高　　知　　県
①[県立]{ 安芸中学校 / 高知国際中学校 / 中村中学校 }

福 岡 県

① [国立] 福岡教育大学附属中学校
（福岡・小倉・久留米）

② [県立] ┌ 育 徳 館 中 学 校
│ 門 司 学 園 中 学 校
│ 宗 像 中 学 校
│ 嘉穂高等学校附属中学校
└ 輝翔館中等教育学校

③ 西 南 学 院 中 学 校
④ 上 智 福 岡 中 学 校
⑤ 福 岡 女 学 院 中 学 校
⑥ 福 岡 雙 葉 中 学 校
⑦ 照 曜 館 中 学 校
⑧ 筑 紫 女 学 園 中 学 校
⑨ 敬 愛 中 学 校
⑩ 久 留 米 大 学 附 設 中 学 校
⑪ 飯 塚 日 新 館 中 学 校
⑫ 明 治 学 園 中 学 校
⑬ 小 倉 日 新 館 中 学 校
⑭ 久 留 米 信 愛 中 学 校
⑮ 中 村 学 園 女 子 中 学 校
⑯ 福 岡 大 学 附 属 大 濠 中 学 校
⑰ 筑 陽 学 園 中 学 校
⑱ 九 州 国 際 大 学 付 属 中 学 校
⑲ 博 多 女 子 中 学 校
⑳ 東 福 岡 自 彊 館 中 学 校
㉑ 八 女 学 院 中 学 校

佐 賀 県

① [県立] ┌ 香 楠 中 学 校
│ 致 遠 館 中 学 校
│ 唐 津 東 中 学 校
└ 武 雄 青 陵 中 学 校

② 弘 学 館 中 学 校
③ 東 明 館 中 学 校
④ 佐 賀 清 和 中 学 校
⑤ 成 穎 中 学 校
⑥ 早 稲 田 佐 賀 中 学 校

長 崎 県

① [県立] ┌ 長 崎 東 中 学 校
│ 佐 世 保 北 中 学 校
└ 諫早高等学校附属中学校

② 青 雲 中 学 校
③ 長 崎 南 山 中 学 校
④ 長 崎 日 本 大 学 中 学 校
⑤ 海 星 中 学 校

熊 本 県

① [県立] ┌ 玉名高等学校附属中学校
│ 宇 土 中 学 校
└ 八 代 中 学 校

② 真 和 中 学 校
③ 九 州 学 院 中 学 校
④ ル ー テ ル 学 院 中 学 校
⑤ 熊 本 信 愛 女 学 院 中 学 校
⑥ 熊 本 マ リ ス ト 学 園 中 学 校
⑦ 熊 本 学 園 大 学 付 属 中 学 校

大 分 県

① [県立] 大 分 豊 府 中 学 校
② 岩 田 中 学 校

宮 崎 県

① [県立] 五 ヶ 瀬 中 等 教 育 学 校

② [県立] ┌ 宮崎西高等学校附属中学校
└ 都城泉ヶ丘高等学校附属中学校

③ 宮 崎 日 本 大 学 中 学 校
④ 日 向 学 院 中 学 校
⑤ 宮 崎 第 一 中 学 校

鹿 児 島 県

① [県立] 楠 隼 中 学 校
② [市立] 鹿 児 島 玉 龍 中 学 校
③ 鹿 児 島 修 学 館 中 学 校
④ ラ ・ サ ー ル 中 学 校
⑤ 志 學 館 中 等 部

沖 縄 県

① [県立] ┌ 与 勝 緑 が 丘 中 学 校
│ 開 邦 中 学 校
│ 球 陽 中 学 校
└ 名護高等学校附属桜中学校

もっと過去問シリーズ

北 海 道

北嶺中学校
7年分（算数・理科・社会）

静 岡 県

静岡大学教育学部附属中学校
（静岡・島田・浜松）
10年分（算数）

愛 知 県

愛知淑徳中学校
7年分（算数・理科・社会）
東海中学校
7年分（算数・理科・社会）
南山中学校男子部
7年分（算数・理科・社会）

南山中学校女子部
7年分（算数・理科・社会）
滝中学校
7年分（算数・理科・社会）
名古屋中学校
7年分（算数・理科・社会）

岡 山 県

岡山白陵中学校
7年分（算数・理科）

広 島 県

広島大学附属中学校
7年分（算数・理科・社会）
広島大学附属福山中学校
7年分（算数・理科・社会）
広島学院中学校
7年分（算数・理科・社会）
広島女学院中学校
7年分（算数・理科・社会）
修道中学校
7年分（算数・理科・社会）
ノートルダム清心中学校
7年分（算数・理科・社会）

愛 媛 県

愛光中学校
7年分（算数・理科・社会）

福 岡 県

福岡教育大学附属中学校
（福岡・小倉・久留米）
7年分（算数・理科・社会）
西南学院中学校
7年分（算数・理科・社会）
久留米大学附設中学校
7年分（算数・理科・社会）
福岡大学附属大濠中学校
7年分（算数・理科・社会）

佐 賀 県

早稲田佐賀中学校
7年分（算数・理科・社会）

長 崎 県

青雲中学校
7年分（算数・理科・社会）

鹿 児 島 県

ラ・サール中学校
7年分（算数・理科・社会）

※もっと過去問シリーズは
国語の収録はありません。

教英出版

〒422-8054
静岡県静岡市駿河区南安倍3丁目12−28
TEL 054-288-2131
FAX 054-288-2133
詳しくは教英出版で検索

教英出版　[検索]

URL https://kyoei-syuppan.net/

算　　数　（3枚のうち，その1）

（注意）　(1)　答えは解答用紙にかきなさい。
　　　　　(2)　答えが整数にならないときは，小数で答えても分数で答えてもよろしい。

(50分)

1　次の□の中にあてはまる数を答えなさい。

(1)　$\dfrac{1}{6} \div 1\dfrac{2}{7} \div \left(\dfrac{1}{3} - 0.1\right)$ を計算すると，答えは□になります。

(2)　あるペンキでゆか全体をぬります。

ぬることができるゆかの面積は，使うペンキの体積に比例します。

このペンキを 3.5 dL 使って，ゆかの面積の 28% をぬることができました。

このペンキをあと□cm³ 使うと，ゆか全体をぬり終えることができます。

(3)　右の図のような，四角形 ABCD を底面とする
四角柱があります。

ある円柱は，体積がこの四角柱の体積と等しく，
底面の半径が 4 cm です。

円周率を 3.14 として計算すると，

この円柱の高さは□cm です。

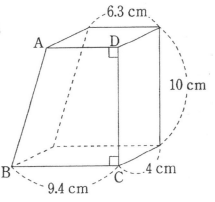

(4)　中学生 30 人の，1週間の売店の利用回数を調べました。調べた結果を
書き出すと，次の表のようになりました。

このデータの最頻値は（ア）回で，

中央値は（イ）回です。

このデータの平均値を，四捨五入して

$\dfrac{1}{10}$ の位までのがい数で答えると（ウ）回です。

（単位：回）

1	0	4	2	0	5	1	2	2	3
3	0	0	3	1	1	1	1	2	1
4	2	2	1	0	2	3	1	0	4

算　　数　（3枚のうち，その2）

2

1辺の長さが 1 cm の正方形を同じ数ずつ使ってできる長方形や正方形を全種類
考えます。合同な長方形は同じ種類とし，長いほうの辺をたて，短いほうの辺を
横にして考えます。正方形は，いずれかの1辺をたてにして考えます。

これらをたての長さが長い順に，横の辺が直線にそうように，すき間なくならべ，
階段（かいだん）の形の図形をつくります。

　　例えば，1辺の長さが 1 cm の正方形を 20 個ずつ使ってできる長方形や正方形は，
全部で図1の3種類です。この場合，正方形はできません。

また，これらをすべて使って階段の形の図形をつくると，図2のようになります。

このとき，この図形の面積は 60 cm²，周の長さは 54 cm です。

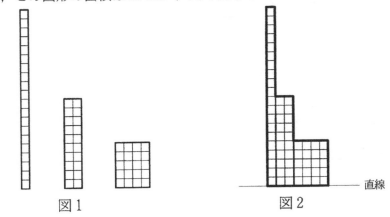

図1　　　　　　　　　　図2

次の□の中にあてはまる数を答えなさい。

(1)　1辺の長さが 1 cm の正方形を 63 個ずつ使ってできる長方形や正方形は

全部で□種類です。これらをすべて使って階段の形の図形をつくると，

この図形の面積は□cm²，周の長さは□cm になります。

(2)　1辺の長さが 1 cm の正方形を 100 個ずつ使ってできる長方形や正方形は

全部で□種類です。これらをすべて使って階段の形の図形をつくると，

この図形の面積は□cm²，周の長さは□cm になります。

(3)　1辺の長さが 1 cm の正方形を□個ずつ使ってできる長方形や正方形は

全部で□種類です。これらをすべて使って階段の形の図形をつくると，

この図形の面積は 256 cm²，周の長さは□cm になります。

(5) A 地点から B 地点まで行くときの時速を x km，かかる時間を y 時間とすると，y は x に反比例しています。

　下の表は，時速 x km とかかる時間 y 時間の関係を表したものです。

時速 x（km）	2	6	い
かかる時間 y（時間）	あ	10	8

　表の あ にあてはまる数は □ で，い にあてはまる数は □ です。

(6) 右の図で，方眼の 1 目もりは 1 cm です。

直線 AB と直線 CD は，ある多角形の 2 つの辺です。

　この多角形は，直線 PQ を対称の軸とする線対称な図形です。さらに，この多角形は，点 O を対称の中心とする点対称な図形です。

　この多角形の面積は □ cm² です。

(7) 五百円こう貨が 1 枚，百円こう貨が 2 枚，五十円こう貨が 1 枚，十円こう貨が 6 枚あります。これらを 1 枚以上使ってちょうどはらうことができる金額は，全部で □ 通りあります。

(8) P 地点と Q 地点は，長さが 5400 m の 1 本のまっすぐな道路で結ばれています。

A さんは，P 地点を出発し，Q 地点に向かって時速 15 km で走ります。また，A さんは，Q 地点に着いたらすぐに折り返し，P 地点に向かって分速 100 m で歩きます。

B さんは，A さんが P 地点を出発すると同時に Q 地点を出発し，P 地点に向かって時速 12 km で走ります。また，B さんは，P 地点に着いたらすぐに折り返し，Q 地点に向かって分速 80 m で歩きます。

① 最初に 2 人が出会う地点は，P 地点から □ m はなれたところです。

② 2 回目に 2 人が出会う地点は，P 地点から □ m はなれたところです。

3　整数 a について，$a \div 1$，$a \div 2$，$a \div 3$，……，$a \div a$ の a 個のわり算を考え，それぞれの商と余りを求めます。

　例えば，$14 \div 1$，$14 \div 2$，$14 \div 3$，……，$14 \div 14$ の 14 個のわり算を考え，それぞれの商と余りを求めると，次のようになります。

$$14 \div 1 = 14 \cdots 0, \quad 14 \div 2 = 7 \cdots 0, \quad 14 \div 3 = 4 \cdots 2, \quad 14 \div 4 = 3 \cdots 2,$$
$$14 \div 5 = 2 \cdots 4, \quad 14 \div 6 = 2 \cdots 2, \quad 14 \div 7 = 2 \cdots 0, \quad 14 \div 8 = 1 \cdots 6,$$
$$14 \div 9 = 1 \cdots 5, \quad 14 \div 10 = 1 \cdots 4, \quad 14 \div 11 = 1 \cdots 3, \quad 14 \div 12 = 1 \cdots 2,$$
$$14 \div 13 = 1 \cdots 1, \quad 14 \div 14 = 1 \cdots 0$$

この中で，商が 2 であるものは，全部で 3 個あります。

　次の □ の中にあてはまる数を答えなさい。

(1) ① $60 \div 1$，$60 \div 2$，$60 \div 3$，……，$60 \div 60$ の 60 個のわり算の中で，商が 2 であるものは，全部で □ 個あります。

② $61 \div 1$，$61 \div 2$，$61 \div 3$，……，$61 \div 61$ の 61 個のわり算の中で，商が 2 であるものは，全部で □ 個あります。

③ $62 \div 1$，$62 \div 2$，$62 \div 3$，……，$62 \div 62$ の 62 個のわり算の中で，商が 2 であるものは，全部で □ 個あります。

④ $63 \div 1$，$63 \div 2$，$63 \div 3$，……，$63 \div 63$ の 63 個のわり算の中で，商が 2 であるものは，全部で □ 個あります。

(2) $2024 \div 1$，$2024 \div 2$，$2024 \div 3$，……，$2024 \div 2024$ の 2024 個のわり算の中で，商が 2 であるものは，全部で □ 個あります。

(3) あ $\div 1$，あ $\div 2$，あ $\div 3$，……，あ $\div$ あ の あ 個のわり算の中で，商が 2 であるものは，全部で 500 個あります。

　あ にあてはまる整数は，

全部で □，□，□，□，□，□ の 6 個です。

（答えの整数はどのような順で書いてもかまいません。）

3 5本の長さがちがう軽いひもと，円柱の形をした50ｇの磁石を用意して，それぞれのひもに磁石を1つずつ取りつけて，5つのふりこをつくります。図1は，12cmのふりこを表したものです。表は，それぞれのふりこの長さとふりこが1往復する時間をまとめたものです。あとの各問いに答えなさい。ただし，用いた磁石はすべて同じ形，同じ大きさです。また，ふりこのふれはばは小さいものとします。

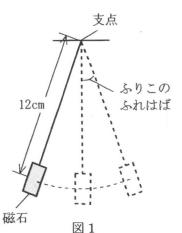

図1

ふりこの長さ〔cm〕	12	24	48	96	192
1往復する時間〔秒〕	0.7	1.0	1.4	2.0	2.8

(1) 図2のように，ふりこの支点の真下に細い棒を置いて，Aで磁石から手をはなすと，棒のところでふりこの長さが変わって，A→B→C→B→Aと往復するふりこができます。「ふりこの長さ」を48cm，「支点から棒までの長さ」を24cmにしたとき，A→B→C→B→Aと，ふりこが1往復する時間は何秒ですか。

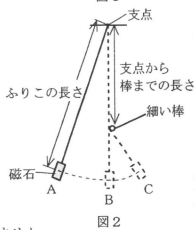

図2

(2) 次の説明文の（ ① ）～（ ③ ）に入る数字はそれぞれいくらですか。あとのア～シの中から適当なものをそれぞれ1つずつ選び，記号で答えなさい。ただし，同じ記号を何度使ってもかまいません。

> 表の結果から，図2のふりこを3.0秒で（ ① ）往復させるには，ふりこの長さを（ ② ）cm，支点から棒までの長さを（ ③ ）cmにすればよい。

ア．1　　イ．2　　ウ．3　　エ．12　　オ．24
カ．48　　キ．72　　ク．84　　ケ．96　　コ．144
サ．168　　シ．192

(3) 図1のふりこに，新たにもう1つ同じ磁石を取りつけて，図3のようなふりこをつくります。図3は，取りつけた磁石以外は図1と同じです。図3のふりこが1往復する時間は，図1のふりこと比べてどうなりますか。次のア～ウの中から適当なものを1つ選び，記号で答えなさい。

ア．長くなる　　イ．短くなる　　ウ．同じ

図3

(4) 表と図1～3の実験から，どのようなことが分かりますか。次のア～カの中から適当なものをすべて選び，記号で答えなさい。

ア．ふりこが1往復する時間は，ふりこの長さと関係がある。
イ．ふりこが1往復する時間は，ふりこの長さと関係がない。
ウ．ふりこが1往復する時間は，取りつけた磁石の重さに関係がある。
エ．ふりこが1往復する時間は，取りつけた磁石の重さに関係がない。
オ．支点の真下に細い棒を置いてつくったふりこは，棒がないふりこよりも1往復する時間は必ず長くなる。
カ．支点の真下に細い棒を置いてつくったふりこは，棒がないふりこよりも1往復する時間は必ず短くなる。

4 ろうそくの燃え方を調べる実験を行いました。あとの各問いに答えなさい。

【実験1】平らにしたねん土に，ろうそくを立てて火をつけ，底のないびんをかぶせ，ふたをした装置1で，ろうそくの燃え方を観察しました。しばらくするとろうそくの火は消えました。

【実験2】装置1のふたを外して上だけにすきまをつくったもの（装置2），装置1のねん土を切り取って下だけにすきまをつくったもの（装置3），装置1のふたを外しねん土を切り取って上と下にすきまをつくったもの（装置4）で，それぞれのろうそくの燃え方を観察しました。

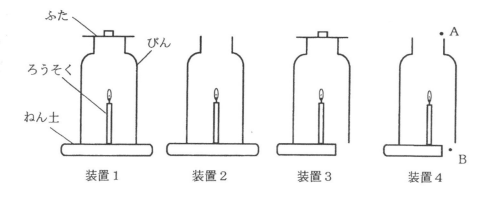

装置1　　　装置2　　　装置3　　　装置4

(1) 【実験2】の装置2～4のうち，装置1と同じようにしばらくするとろうそくの火が消えたものが1つありました。それはどれですか。2～4の番号で答えなさい。

(2) 装置4のAの位置に線こうのけむりを近づけると，けむりはどのように動きますか。次のア～ウの中から適当なものを1つ選び，記号で答えなさい。
ア．上に動く。　　イ．びんの中を下に動く。　　ウ．びんの外を下に動く。

(3) 装置4のBの位置に線こうのけむりを近づけると，けむりはどのように動きますか。次のア～ウの中から適当なものを1つ選び，記号で答えなさい。
ア．下に動く。　　イ．びんの中を上に動く。　　ウ．びんの外を上に動く。

理　科
3枚のうち，その1
（注意）答えはすべて解答らんに記入しなさい。

（※理科と社会2科目50分）

1
福山市でおこなう月や星の観察について，次の各問いに答えなさい。

(1) 1月のある日の夜，西の空に半月が見えていました。この約10時間前，月はどの方角に見えていましたか。次のア〜エの中から最も適当なものを1つ選び，記号で答えなさい。

　　ア．東　　イ．西　　ウ．南　　エ．北

(2) (1)の月が南の空に見えているとき，月の形はどうなっていましたか。次のア〜キの中から最も適当なものを1つ選び，記号で答えなさい。

　ア　　イ　　ウ　　エ　　オ　　カ　　キ

(3) 別の日にオリオン座の観察をしました。オリオン座が東の空に見えるときの形はどうなっていましたか。次のア〜エの中から最も適当なものを1つ選び，記号で答えなさい。

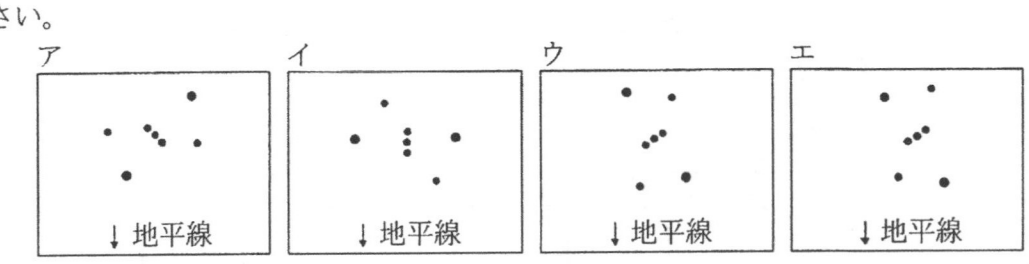

↓地平線　　↓地平線　　↓地平線　　↓地平線

(4) 星や星座を観察したとき，星や星座全体を同時に観察できないものの組み合わせはどれですか。次のア〜エの中から最も適当なものを1つ選び，記号で答えなさい。
　　ア．北斗七星，北極星
　　イ．プロキオン，オリオン座，シリウス
　　ウ．デネブ，こと座，カシオペヤ座
　　エ．さそり座，シリウス，アルタイル

(5) 解答らんの図は，さそり座の星のならびです。赤い一等星を○で囲みなさい。

(6) 星座をつくる星に関する次の①〜④について，正しいものには○，まちがっているものには×を，それぞれ解答らんに書き入れなさい。
　　① 時間がたつと，星の見える位置が変わっている。
　　② 時間がたつと，星のならび方が変わっている。
　　③ 東の空の星は，真上に向かってのぼってくる。
　　④ 北の空では，星は北極星を中心に時計の針と同じ向きに動いている。

2
モンシロチョウとメダカの育ちかたを調べるために，観察を行いました。次の各問いに答えなさい。

(1) 図1のような器具を用いて観察を行うと，観察したいものを拡大して観察することができます。
　① 図1の器具は何けんび鏡といいますか。名前を答えなさい。
　② 図1の器具の倍率として最も適当なものを次のア〜エの中から1つ選び，記号で答えなさい。
　　　ア．3倍　　イ．10倍　　ウ．40倍　　エ．400倍

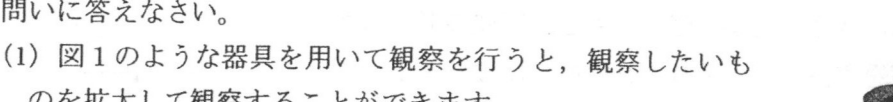

図1

　③ 観察したいものが暗く見える場合，レンズをのぞきながら明るさを変えるには，図1の器具のどの部分を操作すればよいですか。名前を答えなさい。

(2) 次のア〜エは，モンシロチョウの育ちかたを観察したものです。育ちかたとして正しい順になるように，ア〜エの記号をならべて答えなさい。

　ア　　　　　　　イ　　　　　　ウ　　　　　　　エ

　緑色のからだ　　　　　　　　　　　　　　　　黄色のからだ

(3) 次のア〜エの文は，メダカのたまごの育ちかたを観察したときの気づきを記録したものです。育ちかたとして正しい順になるように，ア〜エの記号をならべて答えなさい。
　　ア．たまごのまくを破って出てくる。
　　イ．目が目立ってくる。
　　ウ．からだの形がわかるようになる。
　　エ．血液が流れているのが見える。

(4) 次の①〜④について，モンシロチョウに当てはまるものにはAを，メダカに当てはまるものにはBを，両方に当てはまるものにはCを，どちらにも当てはまらないものには×を，それぞれ解答らんに書き入れなさい。ただし，同じ記号を何度使ってもかまいません。
　　① たまごをあたためて育てる。
　　② たまごからかえると，はじめに「から」を食べる。
　　③ たまごからかえったとき，はらに養分の入ったふくろがあるのがみえる。
　　④ 皮をぬいで大きくなっていく。

(5) 解答らんの図は，モンシロチョウの成虫を示したものです。「しょっ角」と「あし」をかきいれて完成させなさい。また，「はら」にあたる部分を黒くぬりつぶしなさい。

②東海道新幹線が開通したのは | A | ころで，それ以降全国各地に路線が広がり，現在では，| B | に新幹線の駅がある。

あ. A：はじめて東京でオリンピックが開かれた　　　B：近畿(きんき)地方のすべての府県
い. A：はじめて東京でオリンピックが開かれた　　　B：東北地方のすべての県
う. A：日中平和友好条約が結ばれた　　　B：近畿地方のすべての府県
え. A：日中平和友好条約が結ばれた　　　B：東北地方のすべての県

③浄水場に取りこまれた水は，| A | から各家庭に水道水として送られる。日本全国の水道管の長さを合計すると，直線でおよそ | B | を往復する長さになる。

あ. A：塩素で消毒した後でろ過し，ごみや砂などを沈でんさせて　　　B：札幌(さっぽろ)と那覇(なは)
い. A：塩素で消毒した後でろ過し，ごみや砂などを沈でんさせて　　　B：地球と月
う. A：ごみや砂などを沈でんさせた後でろ過し，塩素で消毒して　　　B：札幌と那覇
え. A：ごみや砂などを沈でんさせた後でろ過し，塩素で消毒して　　　B：地球と月

解 答 らん

※30点満点
（配点非公表）

1
(1) ① ② ③ ④ ⑤
(2) (3) (4)
(5) (6) (7)

2
(1) ① ② ③ ④ ⑤
⑥ ⑦ ⑧ ⑨ (2)

3
(1) ① ② ③ ④ ⑤
(2) ① ② ③

---

3 日本の社会に関する(1)・(2)に答えなさい。

(1)①～⑤について，X・Yの文の正誤を適切に示したものを，次の**あ～え**からそれぞれ選びなさい。

あ. X・Yとも正しい。　**い.** Xのみ正しい。　**う.** Yのみ正しい。　**え.** X・Yとも誤り。

①消防や防火に関する文です。
X. 119番に電話をすると，通信指令室につながり，そこから消防署に指令が出る。
Y. すべての住宅には火災警報器をつけなければならないことになっている。

②日本国憲法に関する文です。
X. 日本国憲法は，サンフランシスコ平和条約で独立を果たした後に制定された。
Y. 日本国憲法は，基本的人権を保障するものなので，改正することができない。

③基本的人権に関する文です。
X. 労働者の生活を守るために，団結する権利が認められている。
Y. 権力によって強引(ごういん)に処罰(ばっ)されないようにするために，裁判を受ける権利が認められている。

④発電に関する文です。
X. 木くずや燃えるごみを燃やす際の熱を利用し，バイオマス発電がおこなわれている。
Y. 水力発電は，現在，発電量全体の半分ほどを占めている。

⑤文化財に関する文です。
X. 古くから守られてきた建築物や絵画・文書など，形があるものだけが文化財に指定される。
Y. 博物館には，地域に伝わる貴重な文化財やすばらしい芸術作品などを収集し，大切に保管する役割がある。

(2)日本の社会に関する①～③の文中にある空らん | A | ・ | B | にあてはまる語句の組合せとして正しいものを，**あ～え**からそれぞれ選びなさい。

①日本国憲法前文には，「日本国民は，| A | を通じて行動し，政府の行動によって再び戦争が起こらないようにすることを決意し，主権が | B | にあることを宣言し，この憲法を確定する。」ということが書かれている。

あ. A：国会で選ばれた，内閣総理大臣　　　B：国民
い. A：国会で選ばれた，内閣総理大臣　　　B：天皇
う. A：選挙で選ばれた，国会における代表者　　　B：国民
え. A：選挙で選ばれた，国会における代表者　　　B：天皇

受検番号

算 答 解

※40点満点
（配点非公表）

1 (1) ☐

(2) ☐ cm³

(3) ☐ cm

(4) (ア) ☐ 回

(イ) ☐ 回

(ウ) ☐ 回

(5) あ にあてはまる数は ☐

い にあてはまる数は ☐

(6) ☐ cm²

(7) ☐ 通り

(8) ① ☐ m ② ☐ m

2 (1) ☐ 種類 ☐ cm² ☐ cm

(2) ☐ 種類 ☐ cm² ☐ cm

(3) ☐ 個 ☐ 種類 ☐ cm

3 (1) ① ☐ 個

② ☐ 個

③ ☐ 個

④ ☐ 個

(2) ☐ 個

(3) あ にあてはまる整数は，

☐ ， ☐ ， ☐ ，

☐ ， ☐ ， ☐ の６個

（答えの整数はどのような順で書いてもかまいません。）

（解答は，すべて解答らんに記入し，答えを選ぶ問いは，記号で一つ答えなさい。）

1

ある小学校で，5つのグループに分かれて日本の地域について調べる活動をおこないました。これに関する（1）～（7）に答えなさい。

（1）各グループが調べた内容についてまとめた①～⑤について，それぞれのX・Yの文の正誤を適切に示したものを，次の**あ～え**からそれぞれ選びなさい。

> **あ**．X・Yとも正しい。　**い**．Xのみ正しい。　**う**．Yのみ正しい。　**え**．X・Yとも誤り。

①Aグループは，低地の水田について調べました。

X．低地の水田には川の水が自然に流れこむため，水を引くための設備がつくられているところはない。

Y．洪水による被害を減らすため，低地の水田には排水ポンプなどで水をくみ出す設備をもつところがある。

②Bグループは，製鉄にかかわる輸送について調べました。

X．原料の輸入は，ほとんどを船舶による輸送にたよっている。

Y．できあがった鉄鋼の輸送は，ほとんどを鉄道にたよっている。

③Cグループは，森林の役割について調べました。

X．森林には水をたくわえるはたらきがあるため，洪水をふせぐ役割がある。

Y．森林にはさまざまな生物を守り，動物や植物の生きる環境を保つ役割がある。

④Dグループは，通信技術を使った取り組みについて調べました。

X．住民票の写しを発行するなど，コンビニエンスストアの端末を行政サービスに役立てている。

Y．自宅で生活する高齢者の健康状態に関するデータがオンラインで送られ，医療や介護に役立てられている。

⑤Eグループは，生活にかかわる交通や水について調べました。

X．福山市内の路線バス利用客数は，2000年よりも現在の方が多くなっている。

Y．現在，下水を浄水場で処理した水のほとんどが生活用水に使われている。

（2）Aグループは，畑作について調べ，気候と農産物の生産が大きく関わっていることに気づきました。次の表は，夏秋キャベツと冬キャベツの出荷量の上位5都道府県を示したもので，表中の（　）には，愛知・鹿児島・群馬・長野のいずれかが入ります。夏秋キャベツの（　）に入る県の組合せとして正しいものを，下の**あ～え**から選びなさい。

夏秋キャベツ	（　）県	（　）県	北海道	茨城県	岩手県
冬キャベツ	（　）県	千葉県	（　）県	茨城県	神奈川県

（統計年次は2022年。農林水産省作物統計調査による。）

あ．愛知・鹿児島　　**い**．愛知・群馬　　**う**．鹿児島・長野　　**え**．群馬・長野

2

歴史に関する（1）・（2）に答えなさい。

（1）次の文章は，福山市の歴史について述べたものです。文章中の下線部に関する①～⑨のX～Zの各文を読み，その正誤を適切に示したものを，下の**あ～か**からそれぞれ選びなさい。

> 福山市の北部には，①古墳時代の前方後円墳が，南部には，古くから潮待ちの港として栄え，②奈良時代の歌集『万葉集』に登場する鞆の浦があります。市内を流れる芦田川では，鎌倉時代から③室町時代にかけて草戸千軒町が発展しました。その様子を示す草戸千軒町遺跡からは，中国から輸入された④貨幣などが多数出土しています。
>
> ⑤江戸時代に入ると，水野勝成が1622年に福山城を築きました。福山城は，福山市を代表する⑥歴史的な建造物となっています。このころの鞆の浦は，⑦外国の使者が立ち寄る港として栄えました。明治時代に入ると周辺の地域が統合されていき，⑧1889年には福山町となりました。1916年には福山市となり発展しましたが，⑨1945年の空襲で大きな被害を受けました。その後，戦後の復興をへて，現在では広島県第二の都市となっています。

> **あ**．Xのみ正しい。　　**い**．Yのみ正しい。　　**う**．Zのみ正しい。
>
> **え**．Xのみ誤り。　　**お**．Yのみ誤り。　　**か**．Zのみ誤り。

①日本最大の古墳である大仙古墳がつくられたころの日本の社会に関する文です。

X．土偶や縄目の文様のある土器が，さかんにつくられた。

Y．米づくりや石包丁を使った稲かりの技術が，はじめて大陸から伝わった。

Z．渡来人によって，かたい土器を焼く新しい製法がもたらされた。

②奈良時代の天皇である聖武天皇に関する文です。

X．仏教の力で社会の不安をしずめるために，国ごとに国分寺を建てた。

Y．役人の心構えを示すために，十七条の憲法をつくった。

Z．この天皇が愛用したものや宝物が，正倉院に納められている。

③室町時代の文化に関する文です。

X．田楽や猿楽から生まれた能が，幕府の保護を受けて発展した。

Y．違い棚や障子を特徴とする書院造の部屋をもつ，銀閣が建てられた。

Z．極楽浄土に行くために，阿弥陀仏を崇拝することが始まった。

④2024年から日本で新しく発行される貨幣に関する文です。

X．1000円札に描かれる北里柴三郎は，伝染病の研究所を日本につくった。

Y．5000円札に描かれる津田梅子は，日本初の女子留学生の一人であった。

Z．10000円札に描かれる渋沢栄一は，『学問のすすめ』という本を書いた。

（3）Bグループは，外国から日本に輸入されるものの変化を調べ，年代によってちがいがあることに気づきました。次の表は，4つの年における輸入額全体に占める品目ごとの輸入額の割合を示したもので，表中のア～エには，下の**あ～え**のいずれかが入ります。表中のイに入る品目を選びなさい。

	ア	イ	ウ	エ	その他
1962年	14%	19%	5%	13%	49%
1980年	7%	50%	4%	10%	29%
2000年	32%	20%	7%	12%	29%
2018年	31%	23%	10%	9%	27%

（財務省貿易統計による。）

あ. 化学製品 　　**い**. 機械類 　　**う**. 原油など燃料 　　**え**. 食料品

（4）Cグループは，福山市北部の内陸の山ぎわに，「砂留」とよばれる，江戸時代につくられた防災用の建造物があることを調べ，その役割についてまとめました。次のうち，砂留の役割を選びなさい。

あ. 大雨による土石流から家や農地を守る役割

い. 火山の噴火による火山灰から家や農地を守る役割

う. 地震による津波から家や農地を守る役割

え. 大雪によるなだれから家や農地を守る役割

（5）Dグループは，地域のマスコットキャラクターについて調べ，その由来をまとめました。次のうち，江戸時代以前から地域で伝統的に大切にされてきたものをもとにしたキャラクターを選びなさい。

あ. 笠岡市の，カブトガニをもとにしたキャラクター「カブニ」

い. 倉敷市の，ワシと瀬戸大橋をもとにしたキャラクター「わしゅうくん」

う. 福山市の，バラをもとにしたキャラクター「ローラ」

え. 三原市の，祭りをもとにしたキャラクター「やっさだるマン」

（6）Eグループは，地域に多くの外国人が生活していることについて調べたところ，市や町は，外国人居住者がより住みやすくなるまちづくりの取り組みをおこなっていることを知りました。次のうち，このような取り組みの例とは言えないものを選びなさい。

あ. 防災訓練を，地域住民と外国人住民がいっしょにおこなう。

い. 観光地のすばらしさを，インターネットで海外に配信する。

う. ゴミの出し方について，さまざまな言語でパンフレットをつくる。

え. 宗教に対応した食べものについて，販売している店を紹介する。

（7）Eグループは，調べ学習の内容をまとめ，次の文からはじまる文章をつくりました。文中2か所の（　　）に共通してあてはまる語を漢字二字で答えなさい。

> わたしたちは，外国人も住みやすい多文化（　　）につながるまち，そして高齢者や障がいをもつ人と（　　）できるまちについて調べました。

⑤江戸幕府がおこなったことに関する文です。

X．幕府は，大名に寺子屋を設置することを義務づけた。

Y．幕府は，大名に江戸と大名の領地との間を定期的に行き来させた。

Z．幕府は，大名に江戸城の修理や河川の工事をおこなわせた。

⑥日本の歴史的な建造物に関する文です。

X．奈良県にある法隆寺は，現存する世界最古の木造建築である。

Y．徳川家康をまつる日光東照宮は，江戸の町に建てられた。

Z．群馬県にある富岡製糸場は，日清戦争の賠償金をもとに建てられた。

⑦日本と外国との関わりに関する文です。

X．平清盛は，瀬戸内海の港を整備し，明と貿易をおこなった。

Y．織田信長は，キリスト教を保護し，布教を認めた。

Z．江戸幕府は，朝鮮と国交を結び，直接貿易をおこなった。

⑧1889年に発布された大日本帝国憲法に関する文です。

X．内閣総理大臣が国民にあたえるという形で発布された。

Y．言論や出版の自由が認められた。

Z．ドイツの憲法を参考にしてつくられた。

⑨1945年におこったことに関する文です。

X．ソ連が日本に宣戦し，千島列島に侵攻した。

Y．韓国と北朝鮮との間で朝鮮戦争がおこった。

Z．アメリカ軍が沖縄島を占領した。

（2）草戸千軒町遺跡が発見された河川を，次の地図中の**あ～え**から選びなさい。

【実験3】ろうそくが燃える前の空気とろうそくが燃えた後の空気について，気体検知管を使って，それぞれの空気にふくまれる酸素と表の中の（ ② ）の体積の割合を調べました。表にわかったことをまとめました。

	（ ① ）	酸素	（ ② ）	その他の気体
ろうそくが燃える前の空気	約78%	約21%	約0.04%	約1%
ろうそくが燃えた後の空気	約（ ③ ）%	約（ ④ ）%	約4%	約1%

(4) 表の中の（ ① ），（ ② ）にあてはまる気体の名前を書きなさい。

(5) 表の中の（ ③ ），（ ④ ）にあてはまる数値を，次のア～カの中からそれぞれ1つずつ選び，記号で答えなさい。

　　ア．95　　イ．78　　ウ．74　　エ．21　　オ．17　　カ．0

(6) 酸素だけが入ったびんの中に，火のついたろうそくを入れると，どのようになると考えられますか。次のア～エの中から適当なものを1つ選び，記号で答えなさい。

　　ア．空気中と燃え方は変わらなかった。
　　イ．ほのおがぱっとついて，すぐに消えた。
　　ウ．赤く光って，ほのおを出さずに燃えた。
　　エ．明るいほのおを出して，激しく燃えた。

解 答 ら ん

1
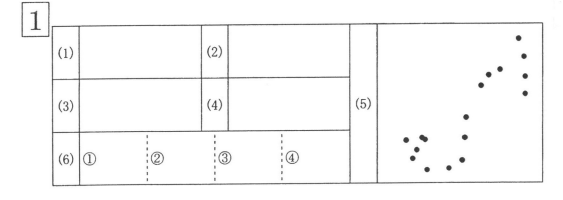

2
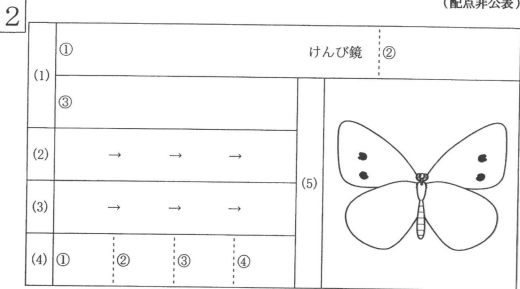

3
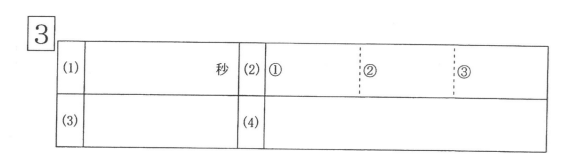

4

(1)	装置（ 　 ）	(2)		(3)	
(4)	①		②		
(5)	③		④	(6)	

算　数　(3枚のうち，その1)

(注意)　(1)　答えは解答用紙にかきなさい。

　　　　(2)　答えが整数にならないときは，小数で答えても分数で答えてもよろしい。

(50分)

1　次の ☐ の中にあてはまる数を答えなさい。

(1)　$\dfrac{3}{2} \times 1\dfrac{1}{6} - \left(0.9 + \dfrac{8}{7}\right) \div \dfrac{11}{5}$ を計算すると，答えは ☐ になります。

(2)　P地点からQ地点までの道のりは7kmです。AさんとBさんの2人が P地点を同時に出発して，Q地点まで同じ道を進みます。Aさんは，分速100mで 歩き続けます。Bさんは自転車に乗って時速16kmで進み続けます。

　このとき，Aさんは，BさんがQ地点にとう着してから ☐ 分 ☐ 秒後に Q地点にとう着します。

(3)　りんごが184個，みかんが ☐ 個ありました。その個数の比は，23：19です。 そこから，りんごとみかんを，それぞれ72個ずつ減らしました。

　減らした後の，りんごとみかんの個数の比を，できるだけかんたんな整数の比で 表すと，☐ ：☐ となります。

(4)　F中学校のプールにためられている水の体積を調べたところ， たて25m，横15.7m，高さ120cmの直方体の体積と等しいことがわかりました。

　また，F中学校の近くの農業用貯水タンクにためられている水の体積を 調べたところ，底面が半径10mの円で，高さが8mの円柱の体積と等しいことが わかりました。

　円周率を3.14として計算すると，このプールにためられている水の体積は， この農業用貯水タンクにためられている水の体積の ☐ ％にあたります。

(5)　右の表は，Aさんが朝に検温したときの体温を 20日間記録したデータです。

（単位：℃）

36.5	35.9	35.9	35.9	36.4
36.4	36.0	36.5	36.4	36.5
36.4	35.9	36.2	36.2	36.4
36.1	36.2	36.4	35.9	36.5

　このデータの最頻値は (ア) ℃で，

中央値は (イ) ℃です。

　このデータの平均値を四捨五入して，

小数第1位までのがい数で答えると (ウ) ℃です。

(6)　たて8cm，横9cmの長方形の4つの 頂点を中心として，半径が1cm，2cm， 3cm，4cmの円をかくと， 右の図のようになりました。

　円周率を3.14として計算すると， 図の ▨ のついた図形の

まわりの長さは (ア) cmで，

面積は (イ) cm²です。

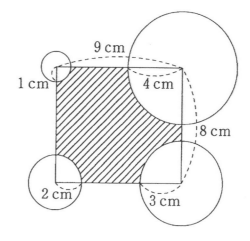

(7)　1辺の長さが6cmの正方形に， 右の図のように，直線AB，直線DC， 直線EH，直線FGの4本を かきました。

　台形ABCDの面積は (ア) cm²です。

　図の ▨ のついた4個の四角形の 面積の和は，⦂ のついた四角形の 面積より (イ) cm²大きいです。

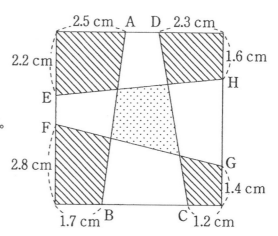

算　数　(3枚のうち，その2)

2 Aさんは，今年のお正月のニュースで，2023が7でわりきれることを知りました。2023を7でわってみると，たしかに，商は289で，わりきれました。

そこでAさんは，「もしかして，2+0+2+3=7 だから，2023は7でわりきれるのでは？」と考えました。2024について，すべての位の数の和を求めると，2+0+2+4=8 となります。2024を8でわると，商は253で，わりきれました。

Aさんは，2023以上2099以下の4けたの整数について，すべての位の数の和でわってみました。

次の □ の中にあてはまる数を答えなさい。

(1) 2025について，すべての位の数の和を求めると，2+0+2+5=9 となります。

2025を9でわったときの商は (ア) で，わりきれます。

2026について，すべての位の数の和を求めると，2+0+2+6=10 となります。

2026を10でわったときの商は (イ) で，あまりは (ウ) です。

(2) 2023以上2099以下の4けたの整数の中で，すべての位の数の和でわったとき，あまりが18以上になるような整数を，小さい順に全部かくと，　□　です。

(3) 2023以上2099以下の4けたの整数の中で，すべての位の数の和でわったとき，商が255以上になるような整数を考えます。

① このような整数は，全部で □ 個あります。

② このような整数の中で，すべての位の数の和でわったとき，

商がもっとも大きくなる整数は (ア) で，

商がもっとも小さくなる整数は (イ) です。

3 右の図のように，0から11までの数がかかれたマスが置かれています。

0のマスにコインを置き，コインを時計まわりに何マスか動かし，次に，時計と反対まわりに何マスか動かし，コインが通ったマスにかかれている数の和を求めます。

たとえば，0のマスにコインを置き，コインを時計まわりに4マス，時計と反対まわりに6マス動かすときを考えます。このとき，コインが通ったマスにかかれている数は，

$0 \to 1 \to 2 \to 3 \to 4 \to 3 \to 2 \to 1 \to 0 \to 11 \to 10$

となり，コインが通ったマスにかかれている数の和を求めると，

$0+1+2+3+4+3+2+1+0+11+10=37$ となります。

次の □ の中にあてはまる数を答えなさい。

(1) 0のマスにコインを置き，コインを時計まわりに6マス，時計と反対まわりに8マス動かすときを考えます。

このとき，コインが通ったマスにかかれている数の和は □ です。

(2) 0のマスにコインを置き，コインを時計まわりに43マス，時計と反対まわりに20マス動かすときを考えます。

このとき，コインが通ったマスにかかれている数の和は □ です。

(3) 0のマスにコインを置き，コインを時計まわりに27マス，時計と反対まわりに □ マス動かすときを考えます。

このとき，コインが通ったマスにかかれている数の和は318です。

(4) 0のマスにコインを置き，コインを時計まわりに □ マス，時計と反対まわりに23マス動かすときを考えます。

このとき，コインが通ったマスにかかれている数の和は736です。

受検番号

算　　答

解　　答

用　　紙　　※40点満点
（配点非公表）

1

(1) ☐

(2) ☐ 分 ☐ 秒後

(3) ☐ 個

☐ ： ☐

(4) ☐ %

(5) (ア) ☐ ℃　(イ) ☐ ℃

(ウ) ☐ ℃

(6) (ア) ☐ cm　(イ) ☐ cm²

(7) (ア) ☐ cm²　(イ) ☐ cm²

2

(1) (ア) ☐

(イ) ☐　(ウ) ☐

(2) ☐

(3)① ☐ 個

② (ア) ☐　(イ) ☐

3

(1) ☐

(2) ☐

(3) ☐ マス

(4) ☐ マス

（注意）答えはすべて解答らんに記入しなさい。

（※理科と社会2科目50分）

1　図1は北の山から南の海に川が流れている場所のようすを表したものです。次の各問いに答えなさい。

(1) 図1のAのあたりでは，流れる水が地面をけずり，深く険しい谷がつくられたと考えられます。流れる水が地面をけずるはたらきを何といいますか。5字以内で答えなさい。

(2) 図1のBのあたりの川のようすとして，最も適当なものはどれですか。次のア〜エの中から1つ選び，記号で答えなさい。

　　ア．川の西側よりも東側の方が流れがはやく，川の西側に川原が広がっている。

　　イ．川の東側よりも西側の方が流れがはやく，川の西側に川原が広がっている。

　　ウ．川の西側よりも東側の方が流れがはやく，川の東側に川原が広がっている。

　　エ．川の東側よりも西側の方が流れがはやく，川の東側に川原が広がっている。

(3) 図1のBのあたりの一方の川岸は，コンクリートのブロックで固められています。その理由として最も適当と考えられる説明はどれですか。次のア〜エの中から1つ選び，記号で答えなさい。

　　ア．流れてきた土や砂がたまることなく，流れやすくするため。

　　イ．川岸の土や砂が流れていかないようにするため。

　　ウ．川の流れる速さを調整するため。

　　エ．川を管理する人が点検しやすくするため。

図2は，大雨によって，川から海に，砂，どろ，れきが一度に流れこんだ後，図1のCのあたりの海にそれらがたい積したようすを表しています。

(4) X，Y，Zのそれぞれの層は，砂，どろ，れきのどの層ですか。

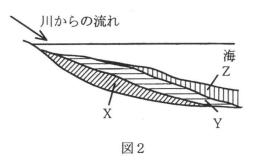

図2

広島県では，台風や大雨による災害がたびたび起こっています。

(5) こう水などの過去の自然災害からその地域のひ害を予想して表した地図を何といいますか。カタカナで答えなさい。

(6) 大雨などで，がけや山のしゃ面などがけずられて，土や砂が一度に流れていくのを防ぐためにつくられるダムを何といいますか。

(7) 台風のとき，次のア〜エのような行動をとりました。ア〜エの中で誤った行動と考えられるものはどれですか。すべて選び，記号で答えなさい。

　　ア．特別警報が出たので，屋根のかわらが飛ばないようにシートをかけた。

　　イ．すぐそばの川は過去にはんらんしたことがあるので，こう水に備えてひ難した。

　　ウ．外はもうれつな風がふいているので，ひ難せず家にとどまった。

　　エ．台風の目に入り一時的に雨がやんだので，近くの川岸に川のようすを見に行った。

2　生物どうしの関係や生物のからだについて次の各問いに答えなさい。

(1) 生物どうしは「食べる・食べられる」の関係でつながっています。このひとつながりのことを何といいますか。

(2) 生物どうしの「食べる・食べられる」の関係についての説明として，まちがっているものはどれですか。次のア〜オの中から1つ選び，記号で答えなさい。

　　ア．メダカはミジンコを食べる。

　　イ．ニワトリはトウモロコシを食べる。

　　ウ．「食べる・食べられる」の関係は水中や陸上にすむ自然の生物にはみられるが，土の中にすむ自然の生物にはみられない。

　　エ．わたしたちヒトが動物を食べることは間接的に植物を食べているといえる。

　　オ．食べ物のもとをたどると自分で養分をつくる生物にいきつく。

(3) 図1はヒトの心臓のつくりと血液の流れの一部を示しています。図1のa〜eの位置の血液の流れについて正しく示しているものはどれですか。次のア〜カの中から1つ選び，記号で答えなさい。

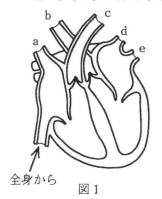

図1

	a	b	c	d	e
ア	肺から	肺へ	全身へ	全身から	全身から
イ	肺から	肺へ	全身へ	全身から	肺から
ウ	肺から	全身へ	肺へ	肺から	全身から
エ	全身から	全身へ	肺へ	肺から	肺から
オ	全身から	全身へ	肺へ	全身から	肺から
カ	全身から	肺へ	肺へ	肺から	肺から

(4) 図2は魚の血管のようすを簡単に示したものです。A〜Eの各部分を流れる血液の説明として正しいものはどれですか。次のア〜オの中からすべて選び，記号で答えなさい。

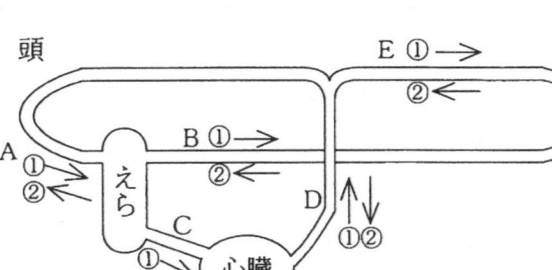

図2

　ア．Aでは，①の向きに，酸素の多い血液が流れている。
　イ．Bでは，①の向きに，酸素の多い血液が流れている。
　ウ．Cでは，②の向きに，酸素の多い血液が流れている。
　エ．Dでは，②の向きに，二酸化炭素の多い血液が流れている。
　オ．Eでは，①の向きに，二酸化炭素の多い血液が流れている。

(5) 次のア〜エは，図3のヒトの体の図中①〜④のいずれかの位置での臓器などについての説明です。①〜④の説明として適切なものを，次のア〜エの中からそれぞれ1つずつ選び，記号で答えなさい。

　ア．かん臓や胃だけでなく，じん臓もある。
　イ．大部分が肺で，心臓や食道がある。
　ウ．大部分が小腸や大腸で，かん臓・胃・じん臓はない。
　エ．約半分がかん臓で，ほかには胃があるが，じん臓はない。

図3

(6) 口からこう門までの食べ物の通り道を何といいますか。漢字3字で答えなさい。

---

3 電気の分野に関連した「ものづくり」として，A〜Dの4つのたんしがついた箱に，同じ種類の2個のかん電池**あ**，**い**を入れ，導線で図1のようにつないだ電源を作りました。この電源に図2のように豆電球をつないで点灯するかを調べました。つないで調べたたんしの組は表に示しています。あとの各問いに答えなさい。

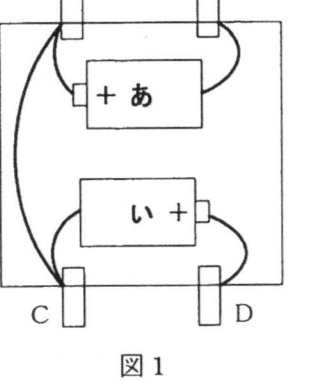

図1

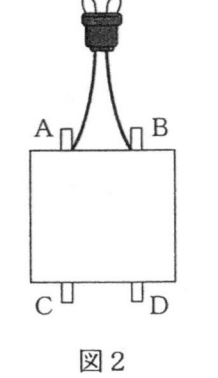

図2

表 つないで調べたたんしの組

	たんしの組
ア	AとB
イ	AとC
ウ	AとD
エ	BとC
オ	BとD
カ	CとD

(1) 豆電球が点灯したのはどのたんしの組につないだときですか。表中のア〜カの中からすべて選び，記号で答えなさい。

(2) 最も明るく点灯したのはどのたんしの組につないだときですか。表中のア〜カの中から1つ選び，記号で答えなさい。

(3) 次に，かん電池の向きと導線のつなぎ方を変えて図3のような電源を作り，豆電球をつないで点灯するかを調べました。次の①〜⑤にあてはまるたんしの組を，表中のア〜カの中からすべて選び，記号で答えなさい。その際，答えとなるたんしの組がない場合は×を書きなさい。

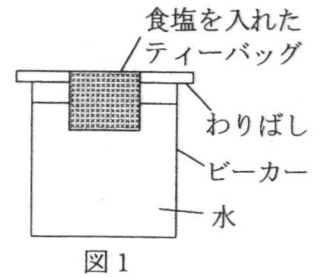

図3

　① 豆電球は点灯しない。
　② かん電池**あ**だけが電流を流すはたらきをしている。
　③ かん電池**い**だけが電流を流すはたらきをしている。
　④ 2つのかん電池のへい列つなぎになっている。
　⑤ 2つのかん電池の直列つなぎになっている。

(4) 図3の電源に豆電球のかわりにモーターをつなぎました。用いたモーターは，図4のように導線aを電池の＋につなぐと矢印の向きに回転します。モーターが図4の矢印の向きに回転したのはどのたんしの組につないだときですか。表中のア〜カの中からすべて選び，記号で答えなさい。なお，つなぎ方は下の「**つなぎ方の例**」のように，モーターの導線aを表のたんしの組で左に書かれているたんしへ，導線bを右に書かれているたんしにつなぎました。

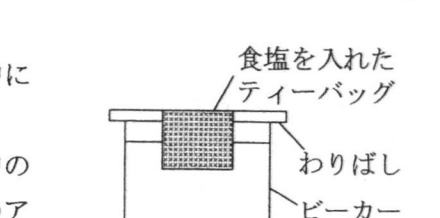

回転の向き

図4

つなぎ方の例
　表の中のイ（AとC）の場合，左に書かれているAのたんしに導線aを，右に書かれているCのたんしに導線bをつないで調べる。

---

4 もののとけ方について調べるため，次の【実験1】〜【実験3】を行いました。あとの各問いに答えなさい。

【実験1】図1のように，食塩をティーバッグの中に入れて水につけ，食塩のとけ方を観察しました。

(1) 【実験1】で，食塩がとけ始めたときの水の中のようすとして最も適切なものはどれですか。次のア〜エの中から1つ選び，記号で答えなさい。

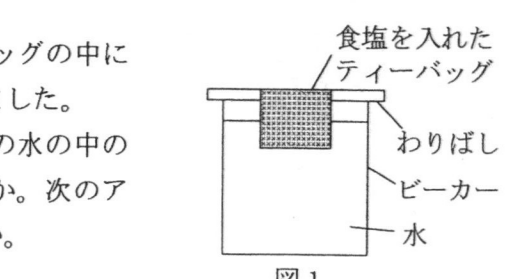

食塩を入れた
ティーバッグ
わりばし
ビーカー
水

図1

算　数　（3枚のうち，その1）

（注意）　(1)　答えは解答用紙にかきなさい。

　　　　　(2)　答えが整数にならないときは，小数で答えても分数で答えてもよろしい。

(50分)

1　次の□の中にあてはまる数を答えなさい。

(1)　$\dfrac{1}{6} \div 1\dfrac{2}{7} \div \left(\dfrac{1}{3} - 0.1\right)$ を計算すると，答えは□になります。

(2)　あるペンキでゆか全体をぬります。

　　ぬることができるゆかの面積は，使うペンキの体積に比例します。

　　このペンキを3.5 dL 使って，ゆかの面積の28% をぬることができました。

　　このペンキをあと□cm³ 使うと，ゆか全体をぬり終えることができます。

(3)　右の図のような，四角形 ABCD を底面とする

　　四角柱があります。

　　ある円柱は，体積がこの四角柱の体積と等しく，

　　底面の半径が4 cm です。

　　円周率を3.14 として計算すると，

　　この円柱の高さは□cm です。

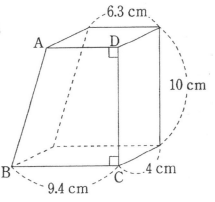

(4)　中学生 30 人の，1週間の売店の利用回数を調べました。調べた結果を

　　書き出すと，次の表のようになりました。

　　このデータの最頻値（さいひんち）は (ア) 回で，

　　中央値（ちゅうおうち）は (イ) 回です。

　　このデータの平均値（へいきんち）を，四捨五入（ししゃごにゅう）して

　　$\dfrac{1}{10}$ の位までのがい数で答えると (ウ) 回です。

（単位：回）

1	0	4	2	0	5	1	2	2	3
3	0	0	3	1	1	1	1	2	1
4	2	2	1	0	2	3	1	0	4

算　数　（3枚のうち，その2）

2　1辺の長さが1 cm の正方形を同じ数ずつ使ってできる長方形や正方形を全種類

考えます。合同な長方形は同じ種類とし，長いほうの辺をたて，短いほうの辺を

横にして考えます。正方形は，いずれかの1辺をたてにして考えます。

これらをたての長さが長い順に，横の辺が直線にそうように，すき間なくならべ，

階段（かいだん）の形の図形をつくります。

　　例えば，1辺の長さが1 cm の正方形を 20 個ずつ使ってできる長方形や正方形は，

全部で図1の3種類です。この場合，正方形はできません。

また，これらをすべて使って階段の形の図形をつくると，図2のようになります。

このとき，この図形の面積は 60 cm²，周の長さは 54 cm です。

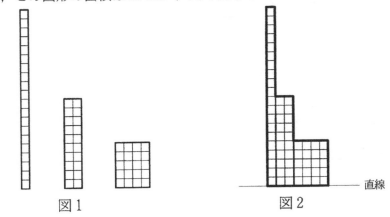

図1　　　　　　　　図2　　　　　　直線

次の□の中にあてはまる数を答えなさい。

(1)　1辺の長さが1 cm の正方形を 63 個ずつ使ってできる長方形や正方形は

　　全部で□種類です。これらをすべて使って階段の形の図形をつくると，

　　この図形の面積は□cm²，周の長さは□cm になります。

(2)　1辺の長さが1 cm の正方形を 100 個ずつ使ってできる長方形や正方形は

　　全部で□種類です。これらをすべて使って階段の形の図形をつくると，

　　この図形の面積は□cm²，周の長さは□cm になります。

(3)　1辺の長さが1 cm の正方形を□個ずつ使ってできる長方形や正方形は

　　全部で□種類です。これらをすべて使って階段の形の図形をつくると，

　　この図形の面積は 256 cm²，周の長さは□cm になります。

理　科

3 　5本の長さがちがう軽いひもと，円柱の形をした50ｇの磁石を用意して，それぞれのひもに磁石を1つずつ取りつけて，5つのふりこをつくります。図1は，12cmのふりこを表したものです。表は，それぞれのふりこの長さとふりこが1往復する時間をまとめたものです。あとの各問いに答えなさい。ただし，用いた磁石はすべて同じ形，同じ大きさです。また，ふりこのふれはばは小さいものとします。

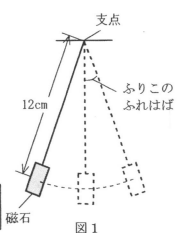

図1

ふりこの長さ〔cm〕	12	24	48	96	192
1往復する時間〔秒〕	0.7	1.0	1.4	2.0	2.8

(1) 図2のように，ふりこの支点の真下に細い棒を置いて，Aで磁石から手をはなすと，棒のところでふりこの長さが変わって，A→B→C→B→Aと往復するふりこができます。「ふりこの長さ」を48cm，「支点から棒までの長さ」を24cmにしたとき，A→B→C→B→Aと，ふりこが1往復する時間は何秒ですか。

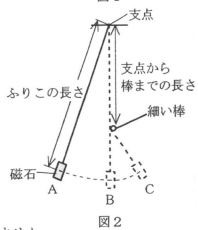

図2

(2) 次の説明文の（　①　）～（　③　）に入る数字はそれぞれいくらですか。あとのア～シの中から適当なものをそれぞれ1つずつ選び，記号で答えなさい。ただし，同じ記号を何度使ってもかまいません。

> 表の結果から，図2のふりこを3.0秒で（　①　）往復させるには，ふりこの長さを（　②　）cm，支点から棒までの長さを（　③　）cmにすればよい。

ア．1　　イ．2　　ウ．3　　エ．12　　オ．24
カ．48　　キ．72　　ク．84　　ケ．96　　コ．144
サ．168　　シ．192

(3) 図1のふりこに，新たにもう1つ同じ磁石を取りつけて，図3のようなふりこをつくります。図3は，取りつけた磁石以外は図1と同じです。図3のふりこが1往復する時間は，図1のふりこと比べてどうなりますか。次のア～ウの中から適当なものを1つ選び，記号で答えなさい。

ア．長くなる　　イ．短くなる　　ウ．同じ

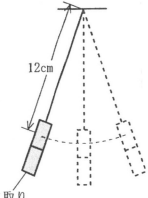

図3

(4) 表と図1～3の実験から，どのようなことが分かりますか。次のア～カの中から適当なものをすべて選び，記号で答えなさい。

ア．ふりこが1往復する時間は，ふりこの長さと関係がある。
イ．ふりこが1往復する時間は，ふりこの長さと関係がない。
ウ．ふりこが1往復する時間は，取りつけた磁石の重さに関係がある。
エ．ふりこが1往復する時間は，取りつけた磁石の重さに関係がない。
オ．支点の真下に細い棒を置いてつくったふりこは，棒がないふりこよりも1往復する時間は必ず長くなる。
カ．支点の真下に細い棒を置いてつくったふりこは，棒がないふりこよりも1往復する時間は必ず短くなる。

4 　ろうそくの燃え方を調べる実験を行いました。あとの各問いに答えなさい。

【実験1】平らにしたねん土に，ろうそくを立てて火をつけ，底のないびんをかぶせ，ふたをした装置1で，ろうそくの燃え方を観察しました。しばらくするとろうそくの火は消えました。

【実験2】装置1のふたを外して上だけにすきまをつくったもの（装置2），装置1のねん土を切り取って下だけにすきまをつくったもの（装置3），装置1のふたを外しねん土を切り取って上と下にすきまをつくったもの（装置4）で，それぞれのろうそくの燃え方を観察しました。

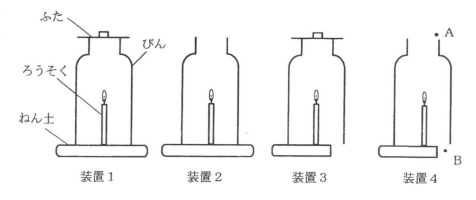

装置1　　装置2　　装置3　　装置4

(1)【実験2】の装置2～4のうち，装置1と同じようにしばらくするとろうそくの火が消えたものが1つありました。それはどれですか。2～4の番号で答えなさい。

(2) 装置4のAの位置に線こうのけむりを近づけると，けむりはどのように動きますか。次のア～ウの中から適当なものを1つ選び，記号で答えなさい。

ア．上に動く。　　イ．びんの中を下に動く。　　ウ．びんの外を下に動く。

(3) 装置4のBの位置に線こうのけむりを近づけると，けむりはどのように動きますか。次のア～ウの中から適当なものを1つ選び，記号で答えなさい。

ア．下に動く。　　イ．びんの中を上に動く。　　ウ．びんの外を上に動く。

2024(R6) 広島大学附属福山中
教英出版　理3の2

②東海道新幹線が開通したのは ☐A☐ ころで，それ以降全国各地に路線が広がり，現在では，☐B☐ に新幹線の駅がある。

あ. A：はじめて東京でオリンピックが開かれた　　B：近畿(きんき)地方のすべての府県
い. A：はじめて東京でオリンピックが開かれた　　B：東北地方のすべての県
う. A：日中平和友好条約が結ばれた　　B：近畿地方のすべての府県
え. A：日中平和友好条約が結ばれた　　B：東北地方のすべての県

③浄水場に取りこまれた水は，☐A☐ から各家庭に水道水として送られる。日本全国の水道管の長さを合計すると，直線でおよそ ☐B☐ を往復する長さになる。

あ. A：塩素で消毒した後でろ過し，ごみや砂などを沈でんさせて　　B：札幌(さっぽろ)と那覇(なは)
い. A：塩素で消毒した後でろ過し，ごみや砂などを沈でんさせて　　B：地球と月
う. A：ごみや砂などを沈でんさせた後でろ過し，塩素で消毒して　　B：札幌と那覇
え. A：ごみや砂などを沈でんさせた後でろ過し，塩素で消毒して　　B：地球と月

解答らん
※30点満点
（配点非公表）

1
(1) ① ☐ ② ☐ ③ ☐ ④ ☐ ⑤ ☐
(2) ☐ (3) ☐ (4) ☐
(5) ☐ (6) ☐ (7) ☐

2
(1) ① ☐ ② ☐ ③ ☐ ④ ☐ ⑤ ☐
⑥ ☐ ⑦ ☐ ⑧ ☐ ⑨ ☐ (2) ☐

3
(1) ① ☐ ② ☐ ③ ☐ ④ ☐ ⑤ ☐
(2) ① ☐ ② ☐ ③ ☐

3 日本の社会に関する(1)・(2)に答えなさい。

(1)①～⑤について，X・Yの文の正誤を適切に示したものを，次の**あ～え**からそれぞれ選びなさい。

あ. X・Yとも正しい。　**い.** Xのみ正しい。　**う.** Yのみ正しい。　**え.** X・Yとも誤り。

①消防や防火に関する文です。
X．119番に電話をすると，通信指令室につながり，そこから消防署に指令が出る。
Y．すべての住宅には火災警報器をつけなければならないことになっている。

②日本国憲法に関する文です。
X．日本国憲法は，サンフランシスコ平和条約で独立を果たした後に制定された。
Y．日本国憲法は，基本的人権を保障するものなので，改正することができない。

③基本的人権に関する文です。
X．労働者の生活を守るために，団結する権利が認められている。
Y．権力によって強引(ごういん)に処罰(ばつ)されないようにするために，裁判を受ける権利が認められている。

④発電に関する文です。
X．木くずや燃えるごみを燃やす際の熱を利用し，バイオマス発電がおこなわれている。
Y．水力発電は，現在，発電量全体の半分ほどを占めている。

⑤文化財に関する文です。
X．古くから守られてきた建築物や絵画・文書など，形があるものだけが文化財に指定される。
Y．博物館には，地域に伝わる貴重な文化財やすばらしい芸術作品などを収集し，大切に保管する役割がある。

(2)日本の社会に関する①～③の文中にある空らん ☐A☐・☐B☐ にあてはまる語句の組合せとして正しいものを，**あ～え**からそれぞれ選びなさい。

①日本国憲法前文には，「日本国民は，☐A☐ を通じて行動し，政府の行動によって再び戦争が起こらないようにすることを決意し，主権が ☐B☐ にあることを宣言し，この憲法を確定する。」ということが書かれている。

あ. A：国会で選ばれた，内閣総理大臣　　B：国民
い. A：国会で選ばれた，内閣総理大臣　　B：天皇
う. A：選挙で選ばれた，国会における代表者　　B：国民
え. A：選挙で選ばれた，国会における代表者　　B：天皇

受検番号

1 (1) ☐

(2) ☐ cm³

(3) ☐ cm

(4) (ア) ☐ 回

(イ) ☐ 回

(ウ) ☐ 回

(5) あ にあてはまる数は ☐

い にあてはまる数は ☐

(6) ☐ cm²

(7) ☐ 通り

(8) ① ☐ m　② ☐ m

2 (1) ☐ 種類　☐ cm²　☐ cm

(2) ☐ 種類　☐ cm²　☐ cm

(3) ☐ 個　☐ 種類　☐ cm

3 (1) ① ☐ 個

② ☐ 個

③ ☐ 個

④ ☐ 個

(2) ☐ 個

(3) あ にあてはまる整数は，

☐ , ☐ , ☐ ,

☐ , ☐ , ☐ の6個

（答えの整数はどのような順で書いてもかまいません。）

（解答は，すべて解答らんに記入し，答えを選ぶ問いは，記号で一つ答えなさい。）

1　　ある小学校で，5つのグループに分かれて日本の地域について調べる活動をおこないました。これに関する（1）～（7）に答えなさい。

（1）各グループが調べた内容についてまとめた①～⑤について，それぞれのX・Yの文の正誤を適切に示したものを，次の**あ**～**え**からそれぞれ選びなさい。

あ. X・Yとも正しい。　**い**. Xのみ正しい。　**う**. Yのみ正しい。　**え**. X・Yとも誤り。

①Aグループは，低地の水田について調べました。

X. 低地の水田には川の水が自然に流れこむため，水を引くための設備がつくられているところはない。

Y. 洪水による被害を減らすため，低地の水田には排水ポンプなどで水をくみ出す設備をもつところがある。

②Bグループは，製鉄にかかわる輸送について調べました。

X. 原料の輸入は，ほとんどを船舶による輸送にたよっている。

Y. できあがった鉄鋼の輸送は，ほとんどを鉄道にたよっている。

③Cグループは，森林の役割について調べました。

X. 森林には水をたくわえるはたらきがあるため，洪水をふせぐ役割がある。

Y. 森林にはさまざまな生物を守り，動物や植物の生きる環境を保つ役割がある。

④Dグループは，通信技術を使った取り組みについて調べました。

X. 住民票の写しを発行するなど，コンビニエンスストアの端末を行政サービスに役立てている。

Y. 自宅で生活する高齢者の健康状態に関するデータがオンラインで送られ，医療や介護に役立てられている。

⑤Eグループは，生活にかかわる交通や水について調べました。

X. 福山市内の路線バス利用客数は，2000年よりも現在の方が多くなっている。

Y. 現在，下水を浄水場で処理した水のほとんどが生活用水に使われている。

（2）Aグループは，畑作について調べ，気候と農産物の生産が大きく関わっていることに気づきました。次の表は，夏秋キャベツと冬キャベツの出荷量の上位5都道府県を示したもので，表中の（　）には，愛知・鹿児島・群馬・長野のいずれかが入ります。夏秋キャベツの（　）に入る県の組合せとして正しいものを，下の**あ**～**え**から選びなさい。

夏秋キャベツ	（　）県	（　）県	北海道	茨城県	岩手県
冬キャベツ	（　）県	千葉県	（　）県	茨城県	神奈川県

（統計年次は2022年。農林水産省作物統計調査による。）

あ. 愛知・鹿児島　　**い**. 愛知・群馬　　**う**. 鹿児島・長野　　**え**. 群馬・長野

2　　歴史に関する（1）・（2）に答えなさい。

（1）次の文章は，福山市の歴史について述べたものです。文章中の下線部に関する①～⑨のX～Zの各文を読み，その正誤を適切に示したものを，下の**あ**～**か**からそれぞれ選びなさい。

福山市の北部には，①古墳時代の前方後円墳が，南部には，古くから潮待ちの港として栄え，②奈良時代の歌集『万葉集』に登場する鞆の浦があります。市内を流れる芦田川では，鎌倉時代から③室町時代にかけて草戸千軒町が発展しました。その様子を示す草戸千軒町遺跡からは，中国から輸入された④貨幣などが多数出土しています。

⑤江戸時代に入ると，水野勝成が1622年に福山城を築きました。福山城は，福山市を代表する⑥歴史的な建造物となっています。このころの鞆の浦は，⑦外国の使者が立ち寄る港として栄えました。明治時代に入ると周辺の地域が統合されていき，⑧1889年には福山町となりました。1916年には福山市となり発展しましたが，⑨1945年の空襲で大きな被害を受けました。その後，戦後の復興をへて，現在では広島県第二の都市となっています。

あ. Xのみ正しい。　　**い**. Yのみ正しい。　　**う**. Zのみ正しい。
え. Xのみ誤り。　　**お**. Yのみ誤り。　　**か**. Zのみ誤り。

①日本最大の古墳である大仙古墳がつくられたころの日本の社会に関する文です。

X. 土偶や縄目の文様のある土器が，さかんにつくられた。

Y. 米づくりや石包丁を使った稲かりの技術が，はじめて大陸から伝わった。

Z. 渡来人によって，かたい土器を焼く新しい製法がもたらされた。

②奈良時代の天皇である聖武天皇に関する文です。

X. 仏教の力で社会の不安をしずめるために，国ごとに国分寺を建てた。

Y. 役人の心構えを示すために，十七条の憲法をつくった。

Z. この天皇が愛用したものや宝物が，正倉院に納められている。

③室町時代の文化に関する文です。

X. 田楽や猿楽から生まれた能が，幕府の保護を受けて発展した。

Y. 違い棚や障子を特徴とする書院造の部屋をもつ，銀閣が建てられた。

Z. 極楽浄土に行くために，阿弥陀仏を崇拝することが始まった。

④2024年から日本で新しく発行される貨幣に関する文です。

X. 1000円札に描かれる北里柴三郎は，伝染病の研究所を日本につくった。

Y. 5000円札に描かれる津田梅子は，日本初の女子留学生の一人であった。

Z. 10000円札に描かれる渋沢栄一は，『学問のすすめ』という本を書いた。

【実験3】ろうそくが燃える前の空気とろうそくが燃えた後の空気について，気体検知管を使って，それぞれの空気にふくまれる酸素と表の中の（　②　）の体積の割合を調べました。表にわかったことをまとめました。

	（　①　）	酸素	（　②　）	その他の気体
ろうそくが燃える前の空気	約78%	約21%	約0.04%	約1%
ろうそくが燃えた後の空気	約（　③　）%	約（　④　）%	約4%	約1%

(4) 表の中の（　①　），（　②　）にあてはまる気体の名前を書きなさい。

(5) 表の中の（　③　），（　④　）にあてはまる数値を，次のア〜カの中からそれぞれ1つずつ選び，記号で答えなさい。

　　ア．95　　イ．78　　ウ．74　　エ．21　　オ．17　　カ．0

(6) 酸素だけが入ったびんの中に，火のついたろうそくを入れると，どのようになると考えられますか。次のア〜エの中から適当なものを1つ選び，記号で答えなさい。

　　ア．空気中と燃え方は変わらなかった。
　　イ．ほのおがぱっとついて，すぐに消えた。
　　ウ．赤く光って，ほのおを出さずに燃えた。
　　エ．明るいほのおを出して，激しく燃えた。

解 答 らん

1

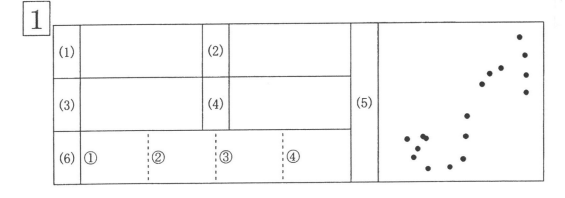

2

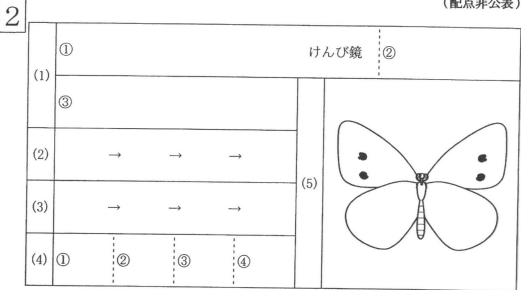

3

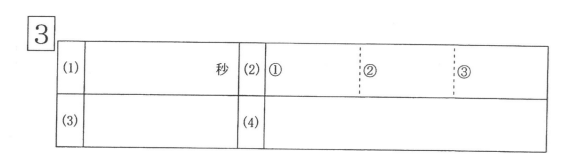

4

(1)	装置（　　　　　）		(2)		(3)	
(4)	①			②		
(5)	③		④		(6)	

算　数　（3枚のうち，その1）

(注意)　(1)　答えは解答用紙にかきなさい。

　　　　(2)　答えが整数にならないときは，小数で答えても分数で答えてもよろしい。

(50分)

1　次の □ の中にあてはまる数を答えなさい。

(1)　$\dfrac{3}{2} \times 1\dfrac{1}{6} - \left(0.9 + \dfrac{8}{7}\right) \div \dfrac{11}{5}$ を計算すると，答えは □ になります。

(2)　P地点からQ地点までの道のりは7kmです。AさんとBさんの2人が
P地点を同時に出発して，Q地点まで同じ道を進みます。Aさんは，分速100mで
歩き続けます。Bさんは自転車に乗って時速16kmで進み続けます。

　このとき，Aさんは，BさんがQ地点にとう着してから □ 分 □ 秒後に
Q地点にとう着します。

(3)　りんごが184個，みかんが □ 個ありました。その個数の比は，23：19です。
そこから，りんごとみかんを，それぞれ72個ずつ減らしました。
減らした後の，りんごとみかんの個数の比を，できるだけかんたんな整数の比で
表すと， □ ： □ となります。

(4)　F中学校のプールにためられている水の体積を調べたところ，
たて25m，横15.7m，高さ120cmの直方体の体積と等しいことがわかりました。
　また，F中学校の近くの農業用貯水タンクにためられている水の体積を
調べたところ，底面が半径10mの円で，高さが8mの円柱の体積と等しいことが
わかりました。
　円周率を3.14として計算すると，このプールにためられている水の体積は，
この農業用貯水タンクにためられている水の体積の □ ％にあたります。

(5)　右の表は，Aさんが朝に検温したときの体温を
20日間記録したデータです。

（単位：℃）

36.5	35.9	35.9	35.9	36.4
36.4	36.0	36.5	36.4	36.5
36.4	35.9	36.2	36.2	36.4
36.1	36.2	36.4	35.9	36.5

　このデータの最頻値は （ア） ℃で，

中央値は （イ） ℃です。

　このデータの平均値を四捨五入して，

小数第1位までのがい数で答えると （ウ） ℃です。

(6)　たて8cm，横9cmの長方形の4つの
頂点を中心として，半径が1cm，2cm，
3cm，4cmの円をかくと，
右の図のようになりました。
　円周率を3.14として計算すると，
図の 🔲 のついた図形の
まわりの長さは （ア） cmで，
面積は （イ） cm²です。

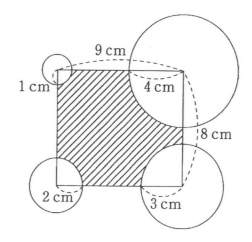

(7)　1辺の長さが6cmの正方形に，
右の図のように，直線AB，直線DC，
直線EH，直線FGの4本を
かきました。

　台形ABCDの面積は （ア） cm²です。

　図の ▨ のついた4個の四角形の
面積の和は， ⬚ のついた四角形の
面積より （イ） cm²大きいです。

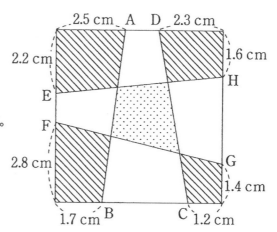

受検番号

算　答

解

用　　　紙　　※40点満点
（配点非公表）

1

(1) ☐

(2) ☐ 分 ☐ 秒後

(3) ☐ 個

☐ ： ☐

(4) ☐ ％

(5) (ア)☐ ℃　(イ)☐ ℃

(ウ)☐ ℃

(6) (ア)☐ cm　(イ)☐ cm²

(7) (ア)☐ cm²　(イ)☐ cm²

2

(1) (ア)☐

(イ)☐　(ウ)☐

(2) ☐

(3)① ☐ 個

② (ア)☐　(イ)☐

3

(1) ☐

(2) ☐

(3) ☐ マス

(4) ☐ マス

理　科

（注意）答えはすべて解答らんに記入しなさい。

（※理科と社会2科目50分）

1 　図1は北の山から南の海に川が流れている場所のようすを表したものです。次の各問いに答えなさい。

(1) 図1のAのあたりでは，流れる水が地面をけずり，深く険しい谷がつくられたと考えられます。流れる水が地面をけずるはたらきを何といいますか。5字以内で答えなさい。

(2) 図1のBのあたりの川のようすとして，最も適当なものはどれですか。次のア〜エの中から1つ選び，記号で答えなさい。

　　ア．川の西側よりも東側の方が流れがはやく，川の西側に川原が広がっている。

　　イ．川の東側よりも西側の方が流れがはやく，川の西側に川原が広がっている。

　　ウ．川の西側よりも東側の方が流れがはやく，川の東側に川原が広がっている。

　　エ．川の東側よりも西側の方が流れがはやく，川の東側に川原が広がっている。

(3) 図1のBのあたりの一方の川岸は，コンクリートのブロックで固められています。その理由として最も適当と考えられる説明はどれですか。次のア〜エの中から1つ選び，記号で答えなさい。

　　ア．流れてきた土や砂がたまることなく，流れやすくするため。

　　イ．川岸の土や砂が流れていかないようにするため。

　　ウ．川の流れる速さを調整するため。

　　エ．川を管理する人が点検しやすくするため。

図2は，大雨によって，川から海に，砂，どろ，れきが一度に流れこんだ後，図1のCのあたりの海にそれらがたい積したようすを表しています。

(4) X，Y，Zのそれぞれの層は，砂，どろ，れきのどの層ですか。

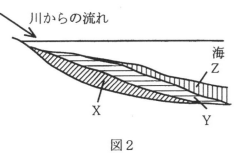

図2

広島県では，台風や大雨による災害がたびたび起こっています。

(5) こう水などの過去の自然災害からその地域のひ害を予想して表した地図を何といいますか。カタカナで答えなさい。

(6) 大雨などで，がけや山のしゃ面などがけずられて，土や砂が一度に流れていくのを防ぐためにつくられるダムを何といいますか。

(7) 台風のとき，次のア〜エのような行動をとりました。ア〜エの中で誤った行動と考えられるものはどれですか。すべて選び，記号で答えなさい。

　　ア．特別警報が出たので，屋根のかわらが飛ばないようにシートをかけた。

　　イ．すぐそばの川は過去にはんらんしたことがあるので，こう水に備えてひ難した。

　　ウ．外はもうれつな風がふいているので，ひ難せず家にとどまった。

　　エ．台風の目に入り一時的に雨がやんだので，近くの川岸に川のようすを見に行った。

2 　生物どうしの関係や生物のからだについて次の各問いに答えなさい。

(1) 生物どうしは「食べる・食べられる」の関係でつながっています。このひとつながりのことを何といいますか。

(2) 生物どうしの「食べる・食べられる」の関係についての説明として，まちがっているものはどれですか。次のア〜オの中から1つ選び，記号で答えなさい。

　　ア．メダカはミジンコを食べる。

　　イ．ニワトリはトウモロコシを食べる。

　　ウ．「食べる・食べられる」の関係は水中や陸上にすむ自然の生物にはみられるが，土の中にすむ自然の生物にはみられない。

　　エ．わたしたちヒトが動物を食べることは間接的に植物を食べているといえる。

　　オ．食べ物のもとをたどると自分で養分をつくる生物にいきつく。

(3) 図1はヒトの心臓のつくりと血液の流れの一部を示しています。図1のa〜eの位置の血液の流れについて正しく示しているものはどれですか。次のア〜カの中から1つ選び，記号で答えなさい。

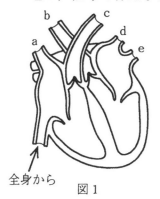

図1

	a	b	c	d	e
ア	肺から	肺へ	全身へ	全身から	全身から
イ	肺から	肺へ	全身へ	全身から	肺から
ウ	肺から	全身へ	肺へ	肺から	全身から
エ	全身から	全身へ	肺へ	肺から	肺から
オ	全身から	全身へ	肺へ	全身から	肺から
カ	全身から	肺へ	肺へ	肺から	肺から

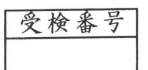
  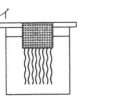 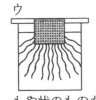 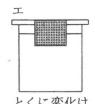

ア　食塩の小さなつぶが下に落ちる。

イ　もや状のものが下に落ちる。

ウ　もや状のものが全体に広がる。

エ　とくに変化は観察されない。

【実験2】図2のように，電子てんびんを用いて，食塩を水にとかす前の重さと食塩を水にとかした後の重さを比べて，ちがいがあるかを調べました。

(2)　【実験2】の目的から考えると，図2の「食塩を水にとかした後」の全体の重さをはかるときの方法にまちがいが1つあります。どのようにすれば「食塩を水にとかした後」の全体の重さを正しくはかることができますか。説明しなさい。

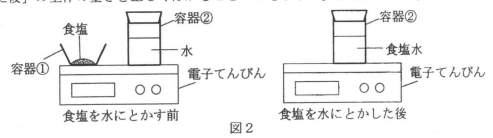

食塩を水にとかす前　　食塩を水にとかした後

図2

【実験3】温度がちがう水50mLを3つ用意し，計量スプーンを使って食塩を何ばい入れるととけ残りが出るかを調べました。

(3)　【実験3】で水の温度と水にとけきった食塩の量の関係を調べると，下の表のような結果になりました。水の温度と水にとけきった食塩の量の関係について説明した次の文中の　　　に当てはまる言葉を答えなさい。

水の温度がちがっても，水に　　　　　　。

水(50mL)の温度	20℃	40℃	60℃
とけきった食塩の量（計量スプーン）	すり切り6はいまでとけきった	すり切り6はいまでとけきった	すり切り6はいまでとけきった

(4)　食塩水から水にとけた食塩をとり出すにはどのような方法が適していますか。「，」や「。」を用いないで，10字以内で答えなさい。

(5)　とけきった食塩水の性質として正しいものはどれですか。次のア～オの中からすべて選び，記号で答えなさい。

　　ア．色がついていない。　　イ．すき通っている。　　ウ．時間がたつとにごってくる。

　　エ．どの部分もこさは同じである。　　オ．青色リトマス紙を赤色にする。

解　答　ら　ん

※30点満点（配点非公表）

1

(1)　　　　(2)　　　　(3)

(4)　X：（　　　）の層　Y：（　　　）の層　Z：（　　　）の層

(5)　　　　(6)

(7)

2

(1)　　　　(2)　　　　(3)

(4)　　　　(5)①　　②　　③　　④

(6)

3

(1)　　　　(2)

(3)　①　　②　　③　　④　　⑤

(4)

4

(1)　　　　(2)

(3)

(4)　　　　(5)

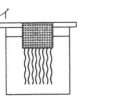
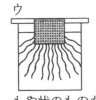
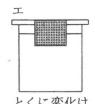

ア　食塩の小さなつぶが下に落ちる。

イ　もや状のものが下に落ちる。

ウ　もや状のものが全体に広がる。

エ　とくに変化は観察されない。

【実験2】図2のように，電子てんびんを用いて，食塩を水にとかす前の重さと食塩を水にとかした後の重さを比べて，ちがいがあるかを調べました。

(2)【実験2】の目的から考えると，図2の「食塩を水にとかした後」の全体の重さをはかるときの方法にまちがいが1つあります。どのようにすれば「食塩を水にとかした後」の全体の重さを正しくはかることができますか。説明しなさい。

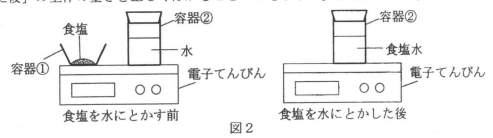

容器①　食塩　容器②　水　電子てんびん　食塩を水にとかす前

容器②　食塩水　電子てんびん　食塩を水にとかした後

図2

【実験3】温度がちがう水50mLを3つ用意し，計量スプーンを使って食塩を何ばい入れるととけ残りが出るかを調べました。

(3)【実験3】で水の温度と水にとけきった食塩の量の関係を調べると，下の表のような結果になりました。水の温度と水にとけきった食塩の量の関係について説明した次の文中の　　　に当てはまる言葉を答えなさい。

　　　水の温度がちがっても，水に　　　　　　。

水(50mL)の温度	20℃	40℃	60℃
とけきった食塩の量（計量スプーン）	すり切り6はいまでとけきった	すり切り6はいまでとけきった	すり切り6はいまでとけきった

(4) 食塩水から水にとけた食塩をとり出すにはどのような方法が適していますか。「，」や「。」を用いないで，10字以内で答えなさい。

(5) とけきった食塩水の性質として正しいものはどれですか。次のア～オの中からすべて選び，記号で答えなさい。

　　ア．色がついていない。　　イ．すき通っている。　　ウ．時間がたつとにごってくる。

　　エ．どの部分もこさは同じである。　　オ．青色リトマス紙を赤色にする。

解　答　ら　ん

※30点満点（配点非公表）

1

(1)　　　(2)　　(3)

(4) X：（　　　）の層　Y：（　　　）の層　Z：（　　　）の層

(5)　　(6)

(7)

2

(1)　　(2)　　(3)

(4)　　(5) ①　②　③　④

(6)

3

(1)　　(2)

(3) ①　②　③

④　⑤

(4)

4

(1)　(2)

(3)

(4)　　(5)

（※社会と理科2科目50分）

（解答は，すべて解答らんに記入し，答えを選ぶ問いは，記号で一つ答えなさい。）

1 次の（1）～（4）を読み，それぞれの問いに答えなさい。

（1）次のA～Cは，二つの勢力が対立しておこった戦乱について述べた文です。

> A．京都から全国に広がったこの戦いは，11年間におよぶ戦乱となった。
> B．徳川氏が勝利したこの戦いは，天下分け目の戦いといわれた。
> C．武田氏が敗北したこの戦いは，戦い方が大きく変わった戦いといわれる。

①A～Cを，歴史的に古いものから年代順に正しく並べたものを選びなさい。

　あ．A→B→C　　い．A→C→B　　う．B→A→C

　え．B→C→A　　お．C→A→B　　か．C→B→A

②B・Cのできごとは，現在のどの県でおこりましたか。正しい組合せを選びなさい。

　あ．B＝愛知県　　C＝岐阜県　　い．B＝愛知県　　C＝新潟県

　う．B＝岐阜県　　C＝愛知県　　え．B＝岐阜県　　C＝新潟県

　お．B＝新潟県　　C＝愛知県　　か．B＝新潟県　　C＝岐阜県

③A～Cのできごとの後の社会のようすとして，誤って述べたものがある場合はその記号を選びなさい。すべて正しい場合はえを答えなさい。

　あ．Aが終わった後，各地の武将どうしがはげしく勢力を争うようになった。

　い．Bが終わった後，武家諸法度によって参勤交代の制度が定められた。

　う．Cが終わった後，戦国の世が統一されていった。

④歴史上，朝廷軍と幕府軍が初めて戦い，幕府軍が勝利した戦いの名称を選びなさい。

　あ．壇ノ浦の戦い　　い．承久の乱　　う．元寇　　え．島原・天草の乱

（2）次のA～Cは，社会のあり方が大きく変わった政策について述べた文です。

> A．田畑の広さや等級・耕作者を記録し，農民たちから刀や鉄砲を取りあげた。
> B．絵踏みをおこなって信者を発見するなど，キリスト教を厳しく取り締まった。
> C．西洋の技術や制度を盛んに導入し，殖産興業や地租改正などを実施した。

①A～Cを，歴史的に古いものから年代順に正しく並べたものを選びなさい。

　あ．A→B→C　　い．A→C→B　　う．B→A→C

　え．B→C→A　　お．C→A→B　　か．C→B→A

②A～Cの政策に関係の深い人物は誰ですか。正しい組合せを選びなさい。

　あ．A＝織田信長　　B＝徳川家光　　C＝大久保利通

　い．A＝織田信長　　B＝本居宣長　　C＝坂本龍馬

　う．A＝豊臣秀吉　　B＝徳川家光　　C＝大久保利通

　え．A＝豊臣秀吉　　B＝本居宣長　　C＝坂本龍馬

③A～Cの政策がおこなわれた目的として，誤って述べたものがある場合はその記号を選びなさい。すべて正しい場合はえを答えなさい。

　あ．Aは，武士が世の中を支配するしくみを整えるためにおこなわれた。

　い．Bは，キリスト教に関係のない国との自由な貿易を実現するためにおこなわれた。

　う．Cは，工業を盛んにし，強い軍隊をもつ国をつくるためにおこなわれた。

④いつの時代においても，人々の交流は，互いの国にさまざまな影響を与えました。このことに関して誤って述べたものを選びなさい。

　あ．東大寺の大仏づくりには，すぐれた技術をもつ渡来人たちが活躍した。

　い．禅宗とともに中国から伝えられたすみ絵は，雪舟らによって全国に広まった。

　う．薩摩藩は，琉球の使節を江戸につれて行き，将軍にあいさつをさせた。

　え．日本に持ち込まれたマネやゴッホの絵画は，歌川広重らの浮世絵に影響を与えた。

（3）次のA～Cは，日本の貿易に関するできごとについて述べた文です。

> A．第一次世界大戦がおこり，ヨーロッパやアジアへの輸出を大きく伸ばした。
> B．アメリカなどとの間に通商条約を結び，外国との貿易がはじまった。
> C．高度経済成長がはじまり，輸出や輸入が盛んになった。

①A～Cを，歴史的に古いものから年代順に正しく並べたものを選びなさい。

　あ．A→B→C　　い．A→C→B　　う．B→A→C

　え．B→C→A　　お．C→A→B　　か．C→B→A

②B・Cに関係の深いできごとは何ですか。正しい組合せを選びなさい。

　あ．B＝ペリー来航　　C＝国民総生産世界第2位

　い．B＝ペリー来航　　C＝足尾銅山鉱毒事件

　う．B＝解体新書　　C＝国民総生産世界第2位

　え．B＝解体新書　　C＝足尾銅山鉱毒事件

③A～Cのできごとの後の日本のようすとして，誤って述べたものがある場合はその記号を選びなさい。すべて正しい場合はえを答えなさい。

　あ．Aの後，ヨーロッパの産業が戦争から立ち直ったため，不景気の時代となった。

　い．Bの後，物価が急に下がったため，幕府に対する人々の不満は高まった。

　う．Cの後，原油産出国が原油価格を大幅に引き上げたため，不景気となった。

④次のあ～えの総額・主要な貿易品目と割合は，日本における，1890年の輸出，1890年の輸入，1910年の輸出，1910年の輸入のいずれかです。1890年の輸出を選びなさい。

	総額（万円）	主要な貿易品目と割合			
あ	45,843	生糸 28.4%	綿糸 9.9%	絹織物 7.2%	綿織物 4.5%
い	8,173	綿糸 12.1%	砂糖 10.3%	機械類 8.9%	毛織物 8.2%
う	5,660	生糸 24.5%	緑茶 10.7%	石炭 8.5%	水産物 6.4%
え	46,423	綿花 34.0%	鉄類 7.0%	機械類 5.1%	石油 3.1%

（『日本貿易精覧』により作成）

（4）今年は，大火災などで死者・行方不明者が10万人を超えたといわれる関東大震災がおこってから，（　　）年になります。（　　）に当てはまる数字を算用数字で答えなさい。

2

A～Dの県に関する以下の問いに答えなさい。●は県庁所在地を示しています。

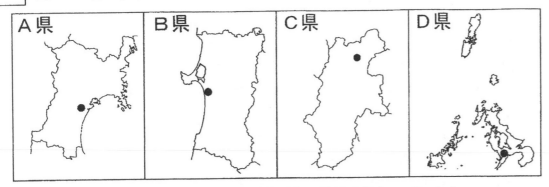

A県　B県　C県　D県

（注）すべて方位は上が北であり，各県ごとの縮尺は異なっています。

（1）A～D各県の県庁所在地のうち，東から2番目にあるものを選びなさい。

あ．A県の県庁所在地　　　い．B県の県庁所在地

う．C県の県庁所在地　　　え．D県の県庁所在地

（2）次の表は，A～D各県の県庁が置かれている都市の気候の特徴（1月，7月，年間の平均気温（℃）と平均降水量（mm））を示しています。A県に当たるものを選びなさい。

	1月の平均		7月の平均		年間の平均	
	気温	降水量	気温	降水量	気温	降水量
あ	2.0	42.3	22.9	178.4	12.8	1276.7
い	7.2	63.1	26.9	292.7	17.4	1894.7
う	-0.4	54.6	24.3	137.7	12.3	965.1
え	0.4	118.9	23.4	197.0	12.1	1741.6

（気象庁データにより作成。気温，降水量は1991～2020年の平年値）

（3）A～D各県の農業や水産業について述べた文のうち，C県に当たるものを選びなさい。

あ．耕地の大半が水田で，品種改良によりつくられた米の栽培が盛んである。

い．日当たりのよい斜面を利用した，かんきつ類の栽培が盛んである。

う．入り組んだ海岸の湾内では，ワカメやカキの養殖が盛んである。

え．盆地や扇状地では，主にブドウやモモなど果物の栽培が盛んである。

（4）世界遺産について，正しく述べたものを選びなさい。

あ．知床半島は，A県の東部にある。

い．白神山地は，B県ととなりの県にまたがっている。

う．白川郷・五箇山の合掌造り集落は，C県北部にある。

え．原爆ドームは，D県の県庁が置かれている都市にある。

3

人々の生活や地理に関する（1）～（8）のA～Cの各文を読み，その正誤について正しく述べたものを次のあ～くから選びなさい。

> あ．Aのみ正しい。　　い．Bのみ正しい。　　う．Cのみ正しい。　　え．Aのみ誤り。
> お．Bのみ誤り。　　　か．Cのみ誤り。　　　き．すべて正しい。　　く．すべて誤り。

（1）ごみに関する「3R」について説明した文です。

A：ごみをなるべく出さないようにすることを，リデュースという。

B：使い終わったものを資源にもどして再利用することを，リユースという。

C：「びん」は現在の技術では，リサイクルすることが難しい。

（2）県や府の境界について説明した文です。

A：紀ノ川は，大阪府と和歌山県の境界の一部になっている。

B：筑後川は，福岡県と佐賀県の境界の一部になっている。

C：利根川は，茨城県と千葉県の境界の一部になっている。

（3）日本の位置と国土について説明した文です。

A：那覇，札幌，ソウルのうち，東京から最も遠いのは那覇である。

B：東の端は東京都の南鳥島，南の端は東京都の沖ノ鳥島である。

C：海岸線の長さは，日本よりもオーストラリアの方が長い。

（4）日本の農業について説明した文です。

A：都道府県別の野菜の生産額上位5県は，現在，すべて九州地方の県である。

B：カントリーエレベーターは，高低差を利用して脱穀をおこなう機械である。

C：沖縄県の耕地面積のうち，現在，最も大きな割合を占めるのはサトウキビ畑である。

（5）日本の森林資源，林業について説明した文です。

A：人工林の中には，風や砂から家や畑を守る役割をもっているものがある。

B：天然林とそこに生息する動物を保護するために，ラムサール条約が結ばれた。

C：間伐した木材や製材工場から出る廃材は，木質バイオマスという資源になる。

（6）日本の漁業について説明した文です。

A：栽培漁業は，いけすの中で魚が大きくなるまで育ててから出荷する漁業である。

B：沖合漁業は，小型船で海岸やその近くでおこなう漁業である。

C：都道府県別の漁業生産額は，現在，静岡県が最も多い。

（7）日本の自動車産業について説明した文です。

A：国内の自動車の組立工場は，すべて輸出入に便利な海沿いにつくられている。

B：自動車輸出台数は，現在，北米向けよりヨーロッパ向けの方が多い。

C：日本の自動車メーカーは，すべて国内の組立工場で生産をおこなっている。

（8）日本の製鉄業，石油工業について説明した文です。

A：製鉄業に必要な鉄鉱石は，オーストラリアから最も多く輸入されている。

B：国内で生産された鉄鋼は，ほぼすべてが国内で消費されている。

C：石油工業で使用される原油の大半は，外国からパイプラインで日本に送られる。

4　日本国憲法について気になることを調べ，レポートにまとめました。このレポートに関する（1）〜（4）の問いに答えなさい。

　　日本国憲法は（　A　）年に制定され，翌年に施行されました。日本国憲法は現在，（　B　）。
　　国会は（　C　）で構成されており，両議院は全国民を代表する選挙された議員で組織されています。国会では，内閣が作成した予算案を審議し，予算を（　D　）で決めます。
　　裁判を受ける権利は（　E　）に認められており，法律に基づいて裁判がおこなわれています。判決の内容に不服がある場合は，（　F　）回まで裁判を受けられることになっています。
　　平和主義にかかわる条文は第（　G　）条です。ここには，戦争の放棄と戦力の不保持が定められています。日本には国土と国民を守るために自衛隊が組織されており，自衛隊員は（　H　）。

（1）（　A　）・（　B　）に当てはまる語句の組合せとして，適切なものを選びなさい。
あ．A＝1946　B＝国民主権の原理などを守るため，改正できないことになっています
い．A＝1946　B＝現実に合わないなどの理由から，改正について議論されています
う．A＝1951　B＝国民主権の原理などを守るため，改正できないことになっています
え．A＝1951　B＝現実に合わないなどの理由から，改正について議論されています

（2）（　C　）・（　D　）に当てはまる語句の組合せとして，適切なものを選びなさい。
あ．C＝衆議院と貴族院　D＝多数決　　　い．C＝衆議院と貴族院　D＝全員一致
う．C＝衆議院と参議院　D＝多数決　　　え．C＝衆議院と参議院　D＝全員一致

（3）（　E　）・（　F　）に当てはまる語句の組合せとして，適切なものを選びなさい。
あ．E＝すべての国民　　F＝3
い．E＝すべての国民　　F＝4
う．E＝犯罪の被害にあった人のみ　F＝3
え．E＝犯罪の被害にあった人のみ　F＝4

（4）（　G　）・（　H　）に当てはまる語句の組合せとして，適切なものを選びなさい。
あ．G＝1　H＝防衛任務だけをおこない，日本が攻撃されたときのみ招集されます
い．G＝1　H＝防衛だけでなく，災害時の派遣など広く人命救助の仕事をしています
う．G＝9　H＝防衛任務だけをおこない，日本が攻撃されたときのみ招集されます
え．G＝9　H＝防衛だけでなく，災害時の派遣など広く人命救助の仕事をしています

解　答　ら　ん　※30点満点（配点非公表）

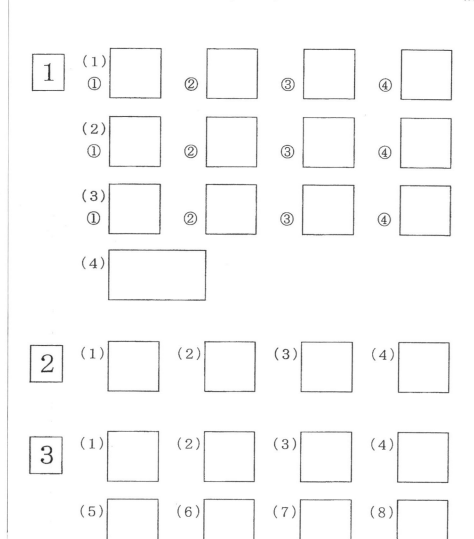

算　数　(3枚のうち，その1)

（注意）(1)　答えは解答用紙にかきなさい。

　　　　(2)　答えが整数にならないときは，小数で答えても分数で答えてもよろしい。

（50分）

1　次の□の中にあてはまる数を答えなさい。

(1)　$0.9 + \dfrac{11}{8} \div \left(1\dfrac{1}{5} - \dfrac{3}{4} \times \dfrac{1}{2}\right)$ を計算すると，答えは□になります。

(2)　□ L の 38 ％は，9310 cm³ です。

(3)　右の表は，A さんがなわとびをとんだ回数を，記録したものです。1日目から5日目までの記録の平均値を四捨五入して上から2けたのがい数にすると160回でした。

□あ にあてはまるもっとも小さい数は (ア) で，もっとも大きい数は (イ) です。

1日目	145 回
2日目	166 回
3日目	151 回
4日目	162 回
5日目	あ 回

(4)　右の図のように，直線 AB を直径とする半円があります。点 C は直線 AB 上にあり，直線 AC の長さは6cmで，直線 BC の長さは4cmです。直線 AB を直径とする半円の中に，直線 AC を直径とする半円があります。直線 AB を直径とする半円の外に，直線 BC を直径とする半円があります。

円周率を3.14として計算すると，ななめの線をつけた図形のまわりの長さは (ア) cm，ななめの線をつけた図形の面積は (イ) cm² です。

(5)　図1のように，直方体から直方体をとりのぞいた形の容器が，あの面を下にして水平に置いてあります。容器はうすい板で作られていて，板の厚さは考えないものとします。この容器には水が入っていて，あの面から水面までの高さは4cmです。

この容器を，水をこぼさないように，図2のようにⒾの面を下にして水平に置いたとき，Ⓘの面から水面までの高さは□cmです。

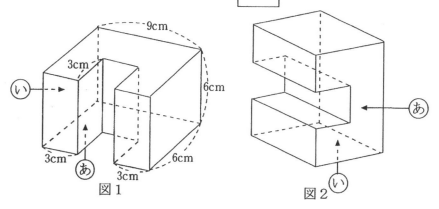

図1　　　図2

(6)　右の図で，四角形 ABCD は1辺84cmの正方形で，四角形 EFBC は1辺84cmの正方形です。

点 P は点 A を，点 Q は点 E を同時に出発します。点 P は，秒速4cmの速さで，正方形 ABCD の辺上を A→B→C→D→A と時計と反対まわりに1周だけ移動します。点 Q は，きまった速さで，正方形 EFBC の辺上を E→F→B→C→E→F… と時計まわりに移動し続けます。

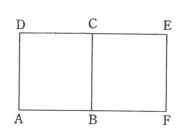

① 　点 Q が秒速7cmで移動するとき，点 P と点 Q が重なるのは，点 P と点 Q が出発してから□秒後です。

② 　点 Q が秒速 あ cm で移動するとき，点 Q が点 E に初めてもどってくるまでに，点 P と点 Q は重なります。

□あ にあてはまるもっとも小さい数は (ア) で，もっとも大きい数は (イ) です。

③ 　点 Q が秒速 い cm で移動するとき，点 P と点 Q は2回重なります。

□い にあてはまるもっとも小さい数は□です。

2　分母と分子が両方とも0でない整数で，分母と分子の和が等しい分数を大きい方から順に左からすべて書き並べることにします。

たとえば，分母と分子の和が6になる分数を考えます。これらを大きい方から順に左からすべて書き並べると，$\dfrac{5}{1}$，$\dfrac{4}{2}$，$\dfrac{3}{3}$，$\dfrac{2}{4}$，$\dfrac{1}{5}$ となります。このとき，左から2番目の分数は $\dfrac{4}{2}$ になります。これらのうち，整数になおすことができる分数は全部で3個あります。

次の □ の中にあてはまる数を答えなさい。

(1)　分母と分子の和が36になる分数を，大きい方から順に左からすべて書き並べました。これらのうち，整数になおすことができる分数は全部で (ア) 個あります。

また，約分すると $\dfrac{2}{7}$ になる分数は，左から (イ) 番目にあります。

(2)　分母と分子の和が120になる分数を，大きい方から順に左からすべて書き並べました。左から あ 番目にある分数と左から72番目にある分数をかけると，その積は整数になります。

あ にあてはまる数は，□，□，□ の3個です。

（3個の数は，どの順で答えてもかまいません。）

(3)　分母と分子の和が120になる分数を，大きい方から順に左からすべて書き並べました。左から い 番目にある分数と左から45番目にある分数をたすと，その和は整数になります。

い にあてはまる数は，□，□，□ の3個です。

（3個の数は，どの順で答えてもかまいません。）

3　右の図のような四角形の土地があります。
直線 AB の長さは 9.8 m，直線 BC の長さは 6.3 m，
直線 CD の長さは 11.1 m，直線 DA の長さは 4 m です。
直線 AB，直線 BC，直線 CD，直線 DA に板をおいて，
この土地を囲むことを考えます。

このとき，板が重なる部分や，板があまる部分がないように，ぴったりの長さで囲みます。
板の厚さは考えないものとします。

次の □ の中にあてはまる数を答えなさい。

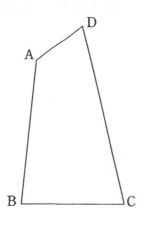

(1)　右のような 1.2 m，1.5 m，2 m の板がたくさんあり，これらで土地を囲むことを考えます。
たとえば，直線 BC では，1.2 m の板を4枚，1.5 m の板を1枚，2 m の板を0枚使います。

①　直線 AB では，1.2 m の板を (ア) 枚，1.5 m の板を (イ) 枚，2 m の板を (ウ) 枚使います。

②　直線 CD では，

1.2 m の板を (ア) 枚，1.5 m の板を (イ) 枚，2 m の板を (ウ) 枚使う場合，

1.2 m の板を (エ) 枚，1.5 m の板を (オ) 枚，2 m の板を (カ) 枚使う場合，

1.2 m の板を (キ) 枚，1.5 m の板を (ク) 枚，2 m の板を (ケ) 枚使う場合の

3通りの方法があります。（3通りの方法は，どの順で答えてもかまいません。）

(2)　右のような 1 m，1.2 m，1.5 m の板がたくさんあり，これらで土地を囲むことを考えます。
これらの板を使って，土地を囲んだとき，使う板の枚数の合計がもっとも少なくなるのは，

1 m の板を (ア) 枚，1.2 m の板を (イ) 枚，1.5 m の板を (ウ) 枚使う場合で，

使う板の枚数の合計がもっとも多くなるのは，

1 m の板を (エ) 枚，1.2 m の板を (オ) 枚，1.5 m の板を (カ) 枚使う場合です。

受検番号

解　答　用　紙

※40点満点
（配点非公表）

1

(1) ☐

(2) ☐ L

(3) (ア) ☐
(イ) ☐

(4) (ア) ☐ cm
(イ) ☐ cm²

(5) ☐ cm

(6) ① ☐ 秒後
② (ア) ☐
(イ) ☐
③ ☐

2

(1) (ア) ☐ 個
(イ) ☐ 番目

(2) ☐ , ☐ , ☐

(3) ☐ , ☐ , ☐

3

(1)① (ア) ☐ 枚　(イ) ☐ 枚　(ウ) ☐ 枚

② (ア) ☐ 枚　(イ) ☐ 枚　(ウ) ☐ 枚
(エ) ☐ 枚　(オ) ☐ 枚　(カ) ☐ 枚
(キ) ☐ 枚　(ク) ☐ 枚　(ケ) ☐ 枚

(2) (ア) ☐ 枚　(イ) ☐ 枚　(ウ) ☐ 枚
(エ) ☐ 枚　(オ) ☐ 枚　(カ) ☐ 枚

（注意）答えはすべて解答らんに記入しなさい。

（※理科と社会2科目50分）

1　日本で観察される月の形の見え方と太陽との関係を調べるため，暗くした部屋で，図のように，月に見立てたボールに，太陽に見立てた電灯の光を当てて観察する実験をしました。なお，観察者のかげがボールにかからないようにしました。あとの各問いに答えなさい。

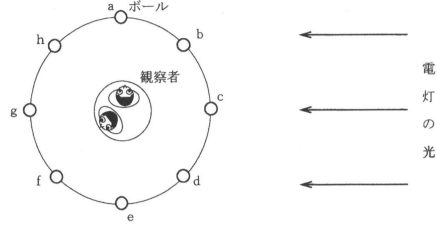

（1）aの位置にあるボールの明るく見える部分と同じ形の月が，真南の空にあります。この月はどのように見えますか。正しいものを，次のア〜オの中から1つ選び，記号で答えなさい。

（2）bの位置にあるボールの明るく見える部分と同じ形となる月を何といいますか。次のア〜エの中から1つ選び，記号で答えなさい。

ア．新月　　　イ．三日月　　　ウ．半月　　　エ．満月

（3）日ぼつのころ，東からのぼってくる月の形は，この実験のボールがa〜hのどの位置にあるときと同じですか。a〜hの中から1つ選び，記号で答えなさい。

（4）新月から次の新月になるまでの月の形の変化は，この実験でボールがどの位置からどのように変わっているときと同じと考えることができますか。次のア〜エの中から1つ選び，記号で答えなさい。

ア．g→h→a→b→c→d→e→f→g

イ．g→f→e→d→c→b→a→h→g

ウ．c→d→e→f→g→h→a→b→c

エ．c→b→a→h→g→f→e→d→c

（5）ある日の日の出のころ，真南に月が見えました。この月の形は，この実験のボールがa〜hのどの位置にあるときと同じですか。a〜hの中から1つ選び，記号で答えなさい。また，そのボールの明るく見える部分の見え方はどうなりますか。次のア〜キの中から1つ選び，記号で答えなさい。

（6）（5）の日から何日後に新月になりますか。次のア〜カの中から，最も近いものを1つ選び，記号で答えなさい。

ア．7日後　　　　イ．10日後　　　　ウ．14日後

エ．18日後　　　　オ．21日後　　　　カ．25日後

2　電磁石について，次の実験をしました。あとの各問いに答えなさい。

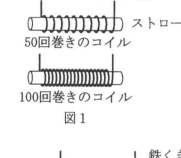

【実験】同じ長さのエナメル線を2本用意し，図1のように，それぞれのエナメル線をストローに巻き，50回巻き，100回巻きのコイルを作りました。コイルの巻き数やコイルに流れる電流の大きさと，電磁石の強さの関係を調べるため，これらのコイルに同じ大きさの鉄くぎを入れ，かん電池や電流計，スイッチをつなぎ，電磁石の強さを調べる実験をしました。なお，図2のように電磁石に何個のゼムクリップがつくかを数え，電磁石の強さとし，下の表にある電磁石①〜④のように条件を変えて実験をしました。

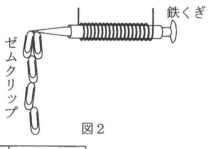

	電磁石①	電磁石②	電磁石③	電磁石④
コイルの巻き数	50回	50回	100回	100回
かん電池の数	1個	2個直列	1個	2個直列

（1）電磁石①を用いて実験を行っているとき，電流計の針は右の図のようになっていました。流れている電流は何Aですか。ただし，電流計の−たんしは5Aのたんしにつながれているものとします。

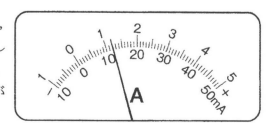

(2) 次のA～Cについて，この実験をするときの注意点として，正しいものには○，まちがっているものには×を答えなさい。

A　ストローに巻かずに余ったエナメル線は切り取る。
B　電磁石の強さを調べるときだけ電流を流す。
C　電流計の－たんし（マイナス）は，最初は，最も大きい電流がはかれるたんしにつなぐ。

(3) 電磁石①～④のうち，電磁石の強さが最も強かったものはどれですか。次のア～キの中から1つ選び，記号で答えなさい。

　ア．電磁石①　　イ．電磁石②　　ウ．電磁石③　　エ．電磁石④
　オ．電磁石①と電磁石③　　カ．電磁石②と電磁石④　　キ．電磁石③と電磁石④

(4) 次のA～Dのように，2つの電磁石の強さを比べたとき，わかる関係は何ですか。それぞれについて，あとのア～ウの中から1つずつ選び，記号で答えなさい。

A　電磁石①と電磁石②の結果を比べる。
B　電磁石①と電磁石③の結果を比べる。
C　電磁石①と電磁石④の結果を比べる。
D　電磁石②と電磁石④の結果を比べる。
　ア．コイルの巻き数と電磁石の強さの関係がわかる。
　イ．コイルに流れる電流の大きさと電磁石の強さの関係がわかる。
　ウ．アやイの関係はわからない。

(5) 実験で作った電磁石について，次のア～オの説明のうち，正しいものをすべて選び，記号で答えなさい。

　ア．スイッチを入れると，コイルにだけ電流が流れて，磁石の性質をもつ。
　イ．スイッチを入れると，鉄くぎにだけ電流が流れて，磁石の性質をもつ。
　ウ．スイッチを入れると，コイルと鉄くぎに電流が流れて，磁石の性質をもつ。
　エ．コイルに流れる電流の向きを変えると，ゼムクリップがつかなくなる。
　オ．電磁石にもN極，S極がある。

3　A，B，C，D，Eの5種類の水溶液（すいようえき）があります。これらは次に示した水溶液のいずれかであることがわかっています。

アンモニア水，　炭酸水，　食塩水，　石灰水（せっかいすい），　塩酸

次の【実験1】～【実験5】は，A～Eがそれぞれどの水溶液かを調べた実験の方法と結果です。あとの各問いに答えなさい。

【実験1】A～Eの見た目を観察すると，どの水溶液もとう明でしたが，Aからだけ，あわ（気体）が出ていました。
【実験2】Aから出ていたあわと同じ気体をEに通すと白くにごりました。

(1) AとEの水溶液の名前をそれぞれ答えなさい。

【実験3】A～Eのにおいをかぐと，CとDだけがつんとしたにおいがしました。
【実験4】A～Dをそれぞれ赤色リトマス紙につけると，Cだけが青色になり，青色リトマス紙につけると，AとDだけが赤色になりました。
【実験5】A～Dを蒸発皿にとり加熱すると，Bだけ白い固体が残りましたが，A，C，Dは何も残りませんでした。

(2) 水溶液のにおいを調べるとき，どのようにかげばよいですか。「，」や「。」を用いないで10字以内で説明しなさい。

(3)【実験3】の結果からC，Dとして2つの水溶液が考えられます。しかし，この実験だけではそれぞれがどちらの水溶液かを決めることはできません。C，Dがどの水溶液かを決めるためには，どの実験の結果と組み合わせればよいですか。次のア～エの中から1つ選び，記号で答えなさい。

　ア．【実験1】　　イ．【実験2】　　ウ．【実験4】　　エ．【実験5】

(4) CとDの水溶液の名前をそれぞれ答えなさい。

4　でんぷんに関する次の実験をしました。あとの各問いに答えなさい。

【実験1】よく晴れた日に植物と日光とのかかわりを調べる実験をしました。

① 実験をする前日の午後，日なたにあるインゲンマメの葉3枚（a，b，cとします）にアルミニウムはくでおおいをしました。
② 実験当日の朝，a，bの葉をおおっていたアルミニウムはくを外しました。その後，aの葉を切り取り，葉にでんぷんがあるかどうかを調べたところ，でんぷんはみられませんでした。インゲンマメは，そのまま日光に当てました。
③ 午後になって，cの葉をおおっていたアルミニウムはくを外しました。b，cの葉を切り取り，葉にでんぷんがあるかどうかを調べたところ，bの葉にはでんぷんがみられましたが，cの葉にはでんぷんがみられませんでした。

(1) 葉にでんぷんがあるかどうかを調べるためには，葉をろ紙ではさみ，木づちでたたいた後，そのろ紙をある薬品につけます。その薬品は何ですか。また，でんぷんがあれば，薬品は何色に変化しますか。

(2) 【実験1】の結果から考えられることとして正しいものを，次のア〜エの中から1つ選び，記号で答えなさい。

　　ア．インゲンマメの葉から水蒸気が出ている。

　　イ．インゲンマメの根から取り入れられた水は，からだ全体に運ばれる。

　　ウ．インゲンマメが発芽するためにはでんぷんが必要である。

　　エ．インゲンマメの葉に日光が当たると，でんぷんができる。

【実験2】口の中でのだ液のはたらきを調べる実験をしました。

① でんぷんをふくんでいるごはんつぶを木綿の布で包み，水を入れたビーカーに入れ，ビーカーの水が白くにごるくらいまでもみ出した後，その液を2本の試験管（d，eとします）に入れました。

② 試験管dにはだ液を，試験管eには水を，それぞれ少量入れました。

③ 試験管d，eを湯で10分くらいあたためました。

④ 試験管d，eについてでんぷんがあるかどうか，【実験1】と同じ薬品を2本の試験管に入れて色を調べたところ，一方の試験管だけ，色が変化しました。

(3) 【実験2】の③で用いる湯の温度は何℃ですか。次のア〜エの中から最も適当なものを1つ選び，記号で答えなさい。

　　ア．20℃　　　　イ．40℃　　　　ウ．60℃　　　　エ．80℃

(4) 次の文章は【実験2】の結果と，その結果から考えられることです。文章中の（　A　）〜（　D　）にあてはまる言葉を，あとのア，イの中からそれぞれ選び，記号で答えなさい。

> 試験管dに薬品を入れると，薬品の色は（　A　）。これより試験管dにあったでんぷんは別のものに（　B　）と考えられる。また，試験管eに薬品を入れると，薬品の色は（　C　）。これより試験管eにあったでんぷんは別のものに（　D　）と考えられる。

　　ア．変化した　　　　イ．変化しなかった

(5) ごはんなどの食べ物が，からだに吸収されやすい養分などに変えられることを何といいますか。漢字2字で答えなさい。

(6) (5)のはたらきで変えられた養分は，主にからだのどの臓器から吸収されますか。次のア〜キの中から1つ選び，記号で答えなさい。

　　ア．肺　イ．心臓　ウ．肝臓　エ．胃　オ．腎臓　カ．小腸　キ．大腸

(7) (6)で，吸収された養分は血液によって運ばれ，からだのどの臓器にたくわえられますか。次のア〜キの中から1つ選び，記号で答えなさい。

　　ア．肺　イ．心臓　ウ．肝臓　エ．胃　オ．腎臓　カ．小腸　キ．大腸

解　答　ら　ん　　※30点満点（配点非公表）

1

(1)		(2)		(3)		(4)	

(5)	位置：	見え方：	(6)	

2

(1)	A	(2)	A	B	C	(3)	

(4)	A	B	C	D	(5)	

3

(1)	A		E	

(2)							

(3)		(4)	C		D	

4

(1)	薬品：	色：	色

(2)		(3)		(4)	A	B	C	D

(5)		(6)		(7)	

（※社会と理科2科目50分）
（注意）解答はすべて解答らんに記入し，答えを選ぶ問いは記号で一つ答えなさい。

1 日本の地理に関する問1～問6に答えなさい。

問1 日本と同経度にはない国・地域を選びなさい。
　あ．オーストラリア　　　い．南極　　　う．ロシア　　　え．インド

問2 現在の農林水産業について，誤って述べたものを選びなさい。
　あ．関東地方と中国地方とを比べると，野菜の生産額が多いのは中国地方である。
　い．中部地方と九州地方とを比べると，肉牛の生産頭数が多いのは九州地方である。
　う．四国地方と東北地方とを比べると，米の収穫量が多いのは東北地方である。
　え．近畿地方と北海道地方とを比べると，漁業生産額が多いのは北海道地方である。

問3 米づくりにおけるくふうとその目的について，誤って述べたものを選びなさい。
　あ．農薬を使わないようにするのは，収穫量を増やすためである。
　い．田植機やコンバインなどの機械を使うのは，人手を減らすためである。
　う．田の形を整える耕地整理をおこなうのは，耕作時間を短縮するためである。
　え．新しい品種をつくるのは，おいしい米や寒さに強い米などをつくるためである。

問4 鉄鋼業にも石油工業にもあてはまらないことを選びなさい。
　あ．原料となる鉄鉱石や原油のほとんどは，外国からの輸入にたよっている。
　い．高品質の製品が世界から注目され，製品のほとんどが輸出されている。
　う．太平洋ベルトとよばれる地域に，大規模な工場が集まっている。
　え．環境に悪影響が出にくい製品製造技術が用いられている。

問5 再生可能エネルギーを用いた発電ではないものを選びなさい。
　あ．水力発電　　　い．原子力発電　　　う．太陽光発電　　　え．バイオマス発電

問6 （1）～（4）のA・Bの各文を読み，その正誤について正しく述べたものを次のあ
　　～えから選びなさい。

　あ．AもBも正しい。　い．Aのみ正しい。　う．Bのみ正しい。　え．AもBも誤り。

（1）日本における農産物の自給率と輸出入について述べた文です。
　A：日本の主食は米なので，米の自給率は100％未満になったことはない。
　B：くだものや畜産物の多くは外国からの輸入にたよっているので，日本産のくだも
　　のや畜産物が外国へ輸出されたことはない。

（2）日本の国土の特徴について述べた文です。
　A：国土のおよそ4分の3が山地で，およそ4分の1が平地である。
　B：国土のおよそ3分の2が森林で，森林のほとんどが人工林である。

（3）インターネットなどの情報通信技術を利用した情報発信について述べた文です。
　A：友だちにだけ情報を発信するなら，どんな内容の情報を発信しても問題はない。
　B：情報を発信する時は相手を確かめ，不必要な個人情報を書きこまないのがよい。

（4）自然災害や防災について述べた文です。
　A：災害記念碑がある地域ではすでに大きな災害が発生しているので，今後は大きな
　　災害は発生しない。
　B：ダムには，川などの水量を調節する役割を持つものだけでなく，大量の土砂が流
　　れてくるのを防ぐ砂防ダムも存在し，各地に設置されている。

2 （1）～（4）の説明にあてはまる場所を，地図中のあ～こから選びなさい。

（1）原子爆弾が投下された都市で，平和公園に毎年多くの人々が訪れている。沿岸部
　　に大きな造船所があり，世界遺産になった施設で現在も造船がおこなわれている。
　　江戸時代には，この都市にあった出島がオランダとつながる地として栄えた。

（2）広大な平地が広がり，夏のすずしい気候を利用した畑作や乳牛の飼育がさかんで
　　ある。特にじゃがいもの生産量が多いことで知られており，この地域の農家一戸あ
　　たりの耕地面積は，全国の農家に比べて10倍以上にもなる。

（3）日米修好通商条約によって開かれた港がある。明治時代に日本で初めて鉄道が開
　　通した時，駅がつくられた都市としても知られている。現在では，東京23区をのぞい
　　て，全国の市町村で最も人口の多い都市となっている。

（4）飛驒山脈や越後山脈など高い山脈に囲まれており，盆地に人口が集中している。
　　水はけの良い土地に果樹園が広がり，りんごの生産がさかんである。

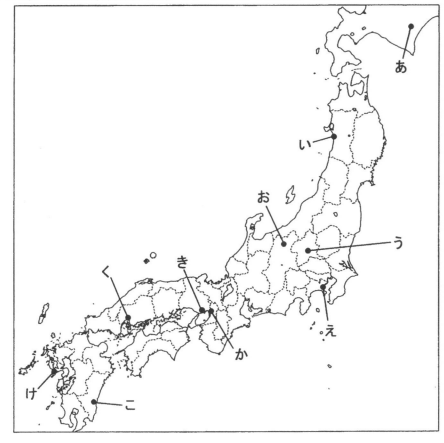

3　日本の歴史に関する問1・問2に答えなさい。

問1　(1)～(6)の問いに答えなさい。

(1)弥生時代の社会について述べた文ではないものを選びなさい。

あ．各地の人々の生活のようすや地域の自然などを記した書物がつくられた。

い．集落のまわりが堀やさくで囲まれるようになった。

う．大陸から伝わった米づくりが広まり，収穫した米を高床倉庫に保存した。

え．中国に使いを送った卑弥呼は，神のお告げによって国を治めた。

(2)鎌倉幕府に関わるできごとについて，誤って述べたものを選びなさい。

あ．幕府を開いた人物は，武士を各地の守護や地頭につけた。

い．朝廷が幕府をたおす命令を全国へ出し，承久の乱がおこった。

う．源氏の将軍が絶えた後，北条氏は幕府の実権をにぎった。

え．幕府は，元寇で戦った御家人に十分な恩賞をあたえ，結びつきを強めた。

(3)江戸時代の人や物の移動について，誤って述べたものを選びなさい。

あ．幕府は，全国を測量して，正確な地図を作った。

い．参勤交代の制度ができ，大名は江戸のやしきに1年おきに住むようになった。

う．各地の年貢米や特産品が集まった江戸は，天下の台所と呼ばれた。

え．街道には宿場町が整備され，旅人や飛脚が行き来した。

(4)江戸時代の文化について，誤って述べたものを選びなさい。

あ．歌舞伎は，歴史上のできごとや庶民のくらしなどを題材にした芸能である。

い．国学は，「古事記」などを通して，日本古来の考え方を研究する学問である。

う．「東海道五十三次」は，江戸から京都までの風景をえがいた浮世絵である。

え．「解体新書」は，中国の医学書を日本の医者がほん訳した書物である。

(5)明治時代の社会のようすについて，誤って述べたものを選びなさい。

あ．藩が廃止され，政府に任命された役人が地方を治めるようになった。

い．土地の値段ではなく，収穫高を基準に一定の税を納めることになった。

う．製糸工場がつくられ，工女とよばれた人たちが夜おそくまで働くようになった。

え．教育制度が整えられ，6歳以上の子どもが学校に通うことになった。

(6)明治時代のできごとについて，誤って述べたものを選びなさい。

あ．田中正造は，足尾銅山の鉱毒による被害者の救済を政府にうったえた。

い．与謝野晶子は，女性の地位向上をうったえ，女性の普通選挙を実現した。

う．津田梅子は，岩倉使節団に同行したのち，女子教育のための学校をつくった。

え．北里柴三郎は，伝染病の研究で，国際的に認められる大きな成果をあげた。

問2　(1)～(4)の文に関するア～ウの各文を，歴史的に古いものから新しいものになるよう正しく並べているものを，次の**あ**～**か**から選びなさい。

あ．ア→イ→ウ	**い**．ア→ウ→イ	**う**．イ→ア→ウ
え．イ→ウ→ア	**お**．ウ→ア→イ	**か**．ウ→イ→ア

(1)天皇を中心とした国づくりについて述べた文です。

ア：中大兄皇子が，天皇をしのぐ力をもっていた蘇我氏をたおした。

イ：中国の都にならってつくられた平城京に，都がうつされた。

ウ：仏教の力で社会の不安をしずめるために，国分寺がつくられた。

(2)日本とキリスト教に関するできごとについて述べた文です。

ア：江戸幕府が，キリスト教を信じることを禁止する命令を出した。

イ：戦国大名の支援で，キリスト教の学校や教会堂が建設された。

ウ：キリスト教の信者を中心とした人々が，島原・天草一揆をおこした。

(3)日本のアジアへの進出に関するできごとについて述べた文です。

ア：日本は満州事変をおこし，中国東北部を満州国として独立させた。

イ：日本は人々の抵抗を軍隊でおさえ，韓国を併合した。

ウ：日本は清から賠償金を得るとともに，台湾などを植民地にした。

(4)日本の社会や生活の変化について述べた文です。

ア：国民全体に占める高齢者の割合が，20%をこえた。

イ：郵便制度が始まり，全国に郵便物がとどくようになった。

ウ：三種の神器とよばれる家庭電化製品が普及し始めた。

4　日本国憲法や日本の政治・社会に関する，問1・問2に答えなさい。

問1　日本国憲法について，(1)～(3)の問いに答えなさい。

(1)「国の政治のあり方を最終的に決めるのは国民である」ということを意味する言葉を，解答らんに従って漢字で答えなさい。

(2)三権分立のしくみについて，誤って述べたものを選びなさい。

あ．裁判所は，国会がつくった法律が憲法に違反していないかを調べる。

い．内閣は，裁判官をやめさせるかどうかの裁判をする。

う．国会は，国会議員の中から内閣総理大臣を指名する。

え．内閣は，最高裁判所の長官を指名する。

(3)日本国憲法に定められている国民の義務ではないものを選びなさい。

あ．税金を納める。　　　い．子どもに普通教育を受けさせる。

う．選挙で投票する。　　え．仕事に就いて働く。

受検番号

問2　日本の政治や社会について，（1）～（3）の問いに答えなさい。

（1）昨年の10月31日に国会議員を選ぶ選挙がありました。この選挙について説明した次の文の空らん（　Ａ　）・（　Ｂ　）にあてはまる語の組合せを下から選びなさい。

> 昨年の10月31日の選挙で選ばれた議員で構成されるのは（　Ａ　）であり，（　Ａ　）には解散が（　Ｂ　）。

　あ．Ａ：参議院　Ｂ：ない　　　　い．Ａ：衆議院　Ｂ：ない
　う．Ａ：衆議院　Ｂ：ある　　　　え．Ａ：参議院　Ｂ：ある

（2）内閣は，よりよい社会を実現するためにさまざまな活動をしています。内閣のもとで問題解決のために実際の仕事を担当する省について説明した次の文の空らん（　Ａ　）・（　Ｂ　）にあてはまる語の組合せを下から選びなさい。

> 地球温暖化防止対策に関する仕事を専門的に担当している省は（　Ａ　）であり，新型コロナウイルス感染対策など，国民の健康増進に関する仕事を専門的に担当している省は（　Ｂ　）である。

　あ．Ａ：外務省　Ｂ：経済産業省　　　い．Ａ：環境省　Ｂ：経済産業省
　う．Ａ：環境省　Ｂ：厚生労働省　　　え．Ａ：外務省　Ｂ：厚生労働省

（3）警察の仕事についてのＡ・Ｂの各文を読み，その正誤について正しく述べたものを選びなさい。

> Ａ：警察署は，地域の人と協力して，子どもたちに関わる事件を減らすため，「こども110番」という取り組みをしている。
> Ｂ：警察官は，犯罪のそうさをするだけでなく，交通事故のしょりや，犯罪を防ぐための講習会をおこなう仕事をしている。

　あ．ＡもＢも正しい。　　い．Ａのみ正しい。　　う．Ｂのみ正しい。　　え．ＡもＢも誤り。

解　答　ら　ん　　※30点満点（配点非公表）

1　問1　　問2　　問3　　問4　　問5
　問6（1）　（2）　（3）　（4）

2　（1）　（2）　（3）　（4）

3　問1（1）　（2）　（3）　（4）　（5）
　（6）　問2（1）　（2）　（3）　（4）

4　問1（1）国民　（2）　（3）
　問2（1）　（2）　（3）

算　数　（3枚のうち，その1）

（注意）　(1)　答えは解答用紙にかきなさい。

　　　　　(2)　答えが整数にならないときは，小数で答えても分数で答えてもよろしい。

（50分）

1　次の□の中にあてはまる数を答えなさい。

(1) $\left(\dfrac{1}{6}+0.4\right)\times\dfrac{3}{7}-0.7\div3\dfrac{1}{2}$ を計算すると，答えは□です。

(2) 16200 m は，43.2 km の□％にあたります。

(3) 1周 350 m のコースがあります。このコースを分速 150 m で走ると，ちょうど7周するのにかかる時間は□分□秒です。

(4) 半径 20 cm の円を底面とする円柱の形をした水そうが水平に置いてあります。水そうはうすい板でつくられていて，板の厚さは考えないものとします。この水そうの中に，図のように 78.5 L の水が入っています。

円周率を 3.14 として計算すると，この水そうに入っている水の深さは□cm です。

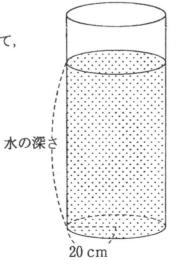

水の深さ

20 cm

(5) 252 と 360 の公約数を小さい順にかくと，7番目の数は□です。

(6) 下の図のような，底面が台形 ABCD である四角柱があります。

この四角柱の高さは 7.2 cm です。

直線 AB の長さは 5 cm，直線 BC の長さは 11.4 cm，

直線 CD の長さは 5 cm，直線 DA の長さは 5.4 cm です。

また，直線 AD と直線 BC は平行で，台形 ABCD の高さは 4 cm です。

この四角柱の体積は□cm³ です。

また，この四角柱には面が6つあります。

それらの面積をすべてたすと，

□cm² になります。

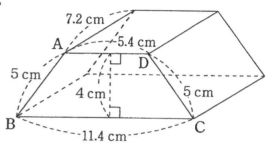

(7) 下の図は，たて 1 cm，横 3 cm の長方形 48 個をすきまなくならべてつくった，たて 8 cm，横 18 cm の長方形です。

下の図の四角形 ABCD は，ひし形です。

図の▨をつけた部分の面積は□cm² です。

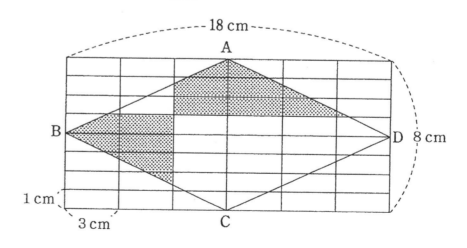

2 　1辺が1cmの正方形の形をしたシールがたくさんあります。シールには，1，2，3，…と連続した番号が1枚（まい）につき1つずつかかれています。正方形の形をした台紙のおもて面に，このシールを，かかれている番号の順にはって，しきつめることを考えます。シールは，次の手順ではります。

1	2	3	4	5
16				6
15				7
14				8
13	12	11	10	9

図1

手順1　台紙のおもて面の，シールがはられていない部分の左上すみから，その部分の周にそって，時計まわりに1周，すきまなく重ならないようにシールをはります。

手順2　台紙のおもて面すべてにシールがはられるまで，手順1をくり返します。

1	2	3	4	5
16	17	18	19	6
15	24		20	7
14	23	22	21	8
13	12	11	10	9

図2

たとえば，1辺が5cmの正方形の台紙のおもて面にシールをしきつめるときは，次のようになります。

まず，1から16までのシールを，図1のようにはることになります。次に，17から24までのシールを，図2のようにはることになります。最後に，25のシールを，図3のようにはることになります。図3のようにシールをしきつめたとき，22のシールは，左から3番目，上から4番目にあります。

1	2	3	4	5
16	17	18	19	6
15	24	25	20	7
14	23	22	21	8
13	12	11	10	9

図3

次の□の中にあてはまる数を答えなさい。

(1) 1辺が11cmの正方形の台紙のおもて面にシールをしきつめたときを考えます。

このとき，67のシールは，左から (ア) 番目，上から (イ) 番目にあります。

また，(ウ) のシールは，左から4番目，上から4番目にあります。

(2) 1辺が51cmの正方形の台紙のおもて面にシールをしきつめたときを考えます。

このとき，2600のシールは，左から (ア) 番目，上から (イ) 番目にあります。

また，(ウ) のシールは，左から22番目，上から20番目にあります。

3 　白，黒，赤のおもりが，それぞれたくさんあります。

同じ色のおもりどうしは，すべて同じ重さです。

白のおもり2個の重さと黒のおもり1個の重さが同じです。

黒のおもり3個の重さと赤のおもり1個の重さが同じです。

次の□の中にあてはまる数を答えなさい。

(1) おもりの個数の合計ができるだけ少なくなるように，きめた重さをつくります。

たとえば，白のおもり20個と同じ重さをつくるとき，白のおもり0個，黒のおもり1個，赤のおもり3個の，合計4個になります。

① 白のおもり100個と同じ重さをつくるとき，

白のおもり (ア) 個，黒のおもり (イ) 個，赤のおもり (ウ) 個になります。

② 白のおもり あ 個と同じ重さをつくるとき，

白，黒，赤のおもりの個数の合計は，15個になります。

このとき，あ にあてはまる数は全部で6個あります。

それらを大きい順にかくと，3番目の数は □ で，5番目の数は □ です。

(2) 白，黒，赤のおもりに加えて，緑のおもりをたくさん用意しました。

緑のおもりどうしは，すべて同じ重さです。

赤のおもり5個の重さと緑のおもり1個の重さが同じです。

おもりの個数の合計ができるだけ少なくなるように，きめた重さをつくります。

① 白のおもり2021個と同じ重さをつくるとき，

白のおもり (ア) 個，黒のおもり (イ) 個，赤のおもり (ウ) 個，

緑のおもり (エ) 個になります。

② 白のおもり い 個と同じ重さをつくるとき，

白，黒，赤，緑のおもりの個数の合計は，100個になります。

このとき，い にあてはまる数は全部で30個あります。

それらを大きい順にかくと，15番目の数は □ です。

受 検 番 号

算 答

解 答

用 紙 ※40点満点
（配点非公表）

1 (1) 　　　　

(2) 　　　　 %

(3) 　　　　 分 　　　　 秒

(4) 　　　　 cm

(5) 　　　　

(6) 　　　　 cm³

　　　　 cm²

(7) 　　　　 cm²

2 (1) 左から (ア) 　　　　 番目，上から (イ) 　　　　 番目

(ウ) 　　　　

(2) 左から (ア) 　　　　 番目，上から (イ) 　　　　 番目

(ウ) 　　　　

3 (1) ① (ア) 　　　　 個 (イ) 　　　　 個 (ウ) 　　　　 個

② ３番目の数は 　　　　 で，５番目の数は 　　　　

(2) ① (ア) 　　　　 個 (イ) 　　　　 個 (ウ) 　　　　 個

(エ) 　　　　 個

② 15番目の数は

（注意）答えはすべて解答らんに記入しなさい。

（※社会と理科2科目合わせて50分）

1 重さのちがう3種類の球（A，B，C）と20gのおもりを，てこにつるします。図1～3は，てこがつりあったときのようすです。あとの各問いに答えなさい。ただし，てこは支点から同じ間かくで左右それぞれ6か所に球やおもりをつるす位置があり，図のように番号がふられています。また，球やおもりをつるすために用いるひもの重さは考えません。

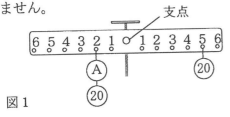

図1

※球やおもりを表す記号

Ⓐ Ⓑ Ⓒ　3種類の球

⑳　20gのおもり

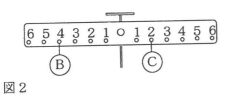

図2　　図3

(1) Aの重さは何gですか。

(2) BとCの重さは，それぞれ何gですか。

(3) 次のア～エの中で，てこがつりあうのはどれですか。すべて選び，記号で答えなさい。

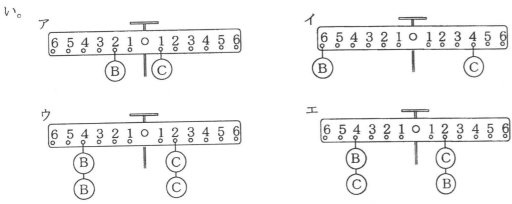

(4) 図4のように，シーソーの中央から右に30cmのところに立方体の氷を置きます。次に，もう1つの立方体の氷を中央から左に40cmのところに置き，シーソーを水平につりあわせました。そのあと，2つの氷は同じように日光に照らされて，とけていきました。このとき，シーソーはどのようなようすでしたか。次のア～ウの中から最も適当なものを1つ選び，記号で答えなさい。

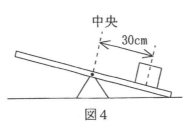

中央

30cm

図4

ア．氷がとけていくと，シーソーは右が下がった。

イ．氷がとけていくと，シーソーは左が下がった。

ウ．氷がとけていっても，シーソーは水平のままだった。

(5) 図5のように，地面に台を置き，1.5mの棒を用いて，てこをつくります。棒の右はしに砂ぶくろをつるして，棒の左はしにつるしてある20kgの球を持ち上げます。次の問いに答えなさい。ただし，棒の重さ，球や砂ぶくろをつるすために用いるひもの重さは考えません。

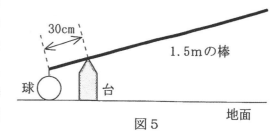

30cm

1.5mの棒

球　台

地面

図5

① 少なくとも何kgよりも重い砂ぶくろをつるすと，球は持ち上がりますか。

② 図5の球，台，棒は同じものを使って，①よりも軽い砂ぶくろで球を持ち上げます。図5のてこのようすをどのように変えればよいですか。「，」や「。」もふくめて10字以内で説明しなさい。

(6) 図6のような「ピンセット」もてこを利用した道具の1つです。てこには，支点，力点，（ あ ）と呼ばれる，はたらきを表す3つの重要な点があります。支点を〇，力点を△，（あ）を×で，ピンセットの図に表します。ピンセットは指で加えた力の大きさと比べて（ い ）力でものをはさんで用いる道具であることがわかります。

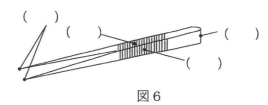

図6

① （ あ ）にあてはまる言葉は何ですか。漢字で書きなさい。

② 図の中のすべての（　）に，〇，△，×のいずれかをかき入れなさい。

③ （ い ）にあてはまる言葉は何ですか。次のア～ウの中から1つ選び，記号で答えなさい。

ア．大きい　　　　イ．小さい　　　　ウ．等しい

2 丸底フラスコに140gの水を入れて加熱をし，2分ごとに水の温度を測定する実験を行ったところ，表のような結果が得られました。あとの各問いに答えなさい。

表

加熱した時間〔分〕	0	2	4	6	8	10	12	14	16	18	20	22
水　の　温　度〔℃〕	18	29	40	51	62	73	84	95	98	98	98	98

(1) この実験では，丸底フラスコの中にふっとう石を入れて加熱をしました。次の文は，ふっとう石を入れる理由を表したものです。（　　）にあてはまる言葉を10字以内で答えなさい。

丸底フラスコの中の水が（　　　　　　　　）のをふせぐため。

(2) 加熱にはガスバーナーを用いました。ガスバーナーの使い方としてまちがっているものを，次のア〜エの中から1つ選び，記号で答えなさい。

ア．火をつけるときは，元せん，コックの順に開け，マッチの火をつけてからガス調節ねじを開けて点火する。

イ．ほのおの大きさの調節は，空気調節ねじを開けてから，ガス調節ねじを回す。

ウ．ほのおの色が黄色いときは，空気の量が少ないので空気調節ねじをさらに開ける。

エ．火を消すときは，空気調節ねじ，ガス調節ねじ，コック，元せんの順に閉じる。

(3) ガスバーナーで加熱したとき，空気の成分であるAが使われて，Bが発生しました。また，Bは石かい水を白くにごらせます。A，Bの説明として正しいものはどれですか。次のア〜エの中からすべて選び，記号で答えなさい。

ア．Aは空気中の体積の割合で最も多い。

イ．ヒトは呼吸でAを体内に取り入れる。

ウ．Bがとけた水よう液は赤色リトマス紙を青色に変える。

エ．植物は，日光が当たっているとき，Bを取り入れる。

(4) 加熱をはじめて22分後，湯気がさかんに出ていました。そのあと，加熱をやめ，丸底フラスコを観察すると，水が減っているのに気づきました。次の文章は，これらのようすについて説明したものです。文章中の（　①　）〜（　⑤　）にあてはまる言葉を，あとのア〜キの中からそれぞれ1つずつ選び，記号で答えなさい。ただし，同じものをくり返し選んでもかまいません。

> ふっとうにより，（　①　）体の水は（　②　）体の（　③　）になり，丸底フラスコの外に出る。このため，丸底フラスコの中の水は減る。また，この（③）が丸底フラスコの外で（　④　）によって冷やされ，（　⑤　）体の湯気になる。

ア．固　　イ．液　　ウ．気　　エ．氷　　オ．水蒸気　　カ．空気　　キ．熱気

(5) この実験と同様に，140gの水を同じ丸底フラスコに入れて，ガスバーナーのほのおをもとの実験よりも大きくして加熱しました。水の温度はどのように変化すると考えられますか。最も適当なものを次のア〜カの中から1つ選び，記号で答えなさい。

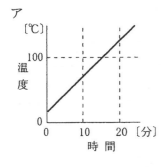
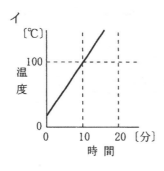
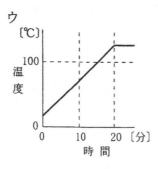

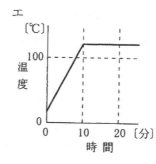
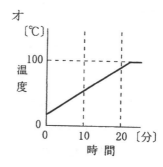
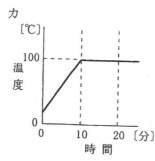

3 ヒトの骨と筋肉のようすについて，次の各問いに答えなさい。

(1) 骨と骨のつなぎ目の曲がる部分のことを何といいますか。漢字2字で答えなさい。

(2) 図は，ヒトのうでにおける骨と筋肉のようすです。Aの筋肉は一部だけをかいており，A以外の筋肉はかかれていません。Aの筋肉を使って，図の矢印のようにこぶしをかたへ近づけます。このときのAの筋肉はどのようになりますか。次のア〜エの中から2つ選び，記号で答えなさい。

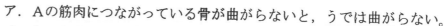

ア．ふくらむ　　　　イ．かたくなる

ウ．ほそくなる　　　エ．やわらかくなる

(3) からだを動かすしくみを正しく説明しているものはどれですか。次のア〜ウの中から1つ選び，記号で答えなさい。

ア．Aの筋肉につながっている骨が曲がらないと，うでは曲がらない。

イ．うでを図の矢印の方へ曲げると，Aの筋肉はゆるむ。

ウ．Aの筋肉をちぢませると，うでは図の矢印の方へ曲がる。

(4) 図の状態からにぎったこぶしをひろげ，手を開きます。このときはたらいた(1)で答えた骨と骨のつなぎ目の曲がる部分は，Bのはんいの中にいくつありますか。次のア〜ウの中から最も適当なものを1つ選び，記号で答えなさい。

ア．1つもない　　　イ．1つ以上5つ以下　　　ウ．6つ以上

(5) 筋肉では，酸素や養分が使われます。酸素や養分を，筋肉へ運ぶものは何ですか。次のア〜エの中から1つ選び，記号で答えなさい。

ア．血液　　イ．小腸　　ウ．肺　　エ．胃

(6) 心臓はおもに筋肉からできています。心臓とそのはたらきについて，正しく説明しているものはどれですか。次のア〜ウの中から1つ選び，記号で答えなさい。

ア．心臓の筋肉はちぢむことはあっても，ゆるむことはない。

イ．心臓の動きのことを，脈はくという。

ウ．脈はくは，首筋や手首などで確かめることができる。

4 ある晴れた秋の日に，福山市の小学校でいろいろな観察や実験をしました。次の各問いに答えなさい。

(1) グラウンドに柱があります。午後2時ごろに観察すると，柱のかげができていました。右の図は，そのときのようすを上から見たものです。点Pの位置に方位磁針を置くと，針はどの向きを指しますか。次のア～エの中から最も適当なものを1つ選び，記号で答えなさい。ただし，方位磁針の針は，黒くぬりつぶしているほうが北を指すものとします。

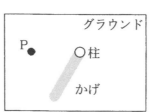

(2) 1時間ごとに気温をはかり，グラフをつくります。気温をはかる方法について説明した次のア～オの中から正しいものをすべて選び，記号で答えなさい。

ア．気温は，風通しのよいところではかる。

イ．温度計に風があたると冷えるので，おおいをしてはかる。

ウ．温度計に日光が直接あたらないよう，液だめの部分だけにおおいをする。

エ．温度計の高さが，地面から1.2～1.5mになるようにしてはかる。

オ．気温をはかる場所は，はかるたびに変えてもよい。

(3) 日なたと日かげの地面の温度を比べます。日なたの地面の温度を正しくはかることができるのはどれですか。次のア～カの中から最も適当なものを1つ選び，記号で答えなさい。ただし，図はそのようすを真横から見ているものとします。

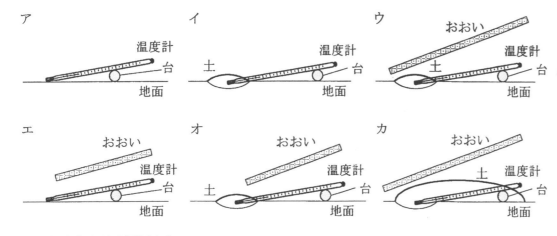

(4) 日なたと日かげの地面の温度やようすを調べました。その結果をまとめた次の文章中の（①）～（④）にあてはまる言葉を，あとのア～カの中からそれぞれ選び，記号で答えなさい。ただし，同じものをくり返し選んでもかまいません。

> 午前10時と正午に，日なたと日かげの地面の温度をそれぞれはかった。
> 午前10時の日なたと日かげの地面の温度を比べると，（①）の地面のほうが高かった。また，（②）の地面はしめった感じがした。
> 日なたの地面の午前10時と正午の温度の変化と，日かげの地面の午前10時と正午の温度の変化を比べると，（③）のほうが変化が大きいことがわかった。それは（③）の地面は（④）によってあたためられるからだ。

ア．日なた　　イ．日かげ　　ウ．風　　エ．湯　　オ．日光　　カ．人間の活動

解　答　ら　ん

※30点満点（配点非公表）

1

(1)	g	(2) B	g	C	g	(3)		(4)	

(5) ①	kg	②							

(6) ①		② （　）						③	

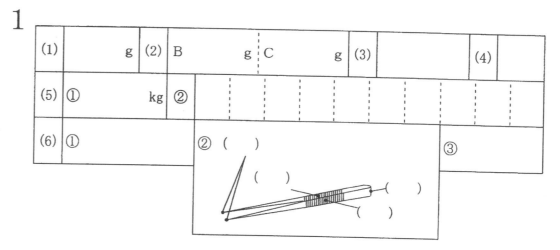

2

(1)							(2)	

(3)		(4) ①	②	③	④	⑤	(5)	

3

(1)	(2)	(3)	(4)	(5)	(6)

4

(1)	(2)	(3)	(4) ①	②	③	④

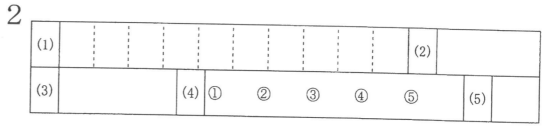
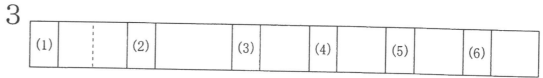
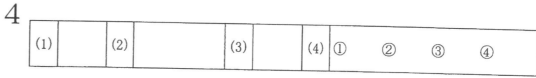

（注意）解答は，すべて解答らんに記入し，答えを選ぶ問いは記号で一つ答えなさい。

（※社会と理科2科目合わせて50分）

1 日本の地理や人々の生活に関する（1）〜（4）の問いに答えなさい。

（1）次の①〜③の説明にあてはまる都県の位置を，地図中の**あ〜こ**のうちからそれぞれ選びなさい。

①三大工業地帯の1つに属し，現在は自動車などの製造業がさかんである。かつては，工場のけむりを原因とした公害が発生し，四大公害病の1つとして注目された。

②最上川が流れ，その流域には庄内平野が広がる。その平野などでは米作りがさかんで，「はえぬき」や「つや姫」といった品種が作付けされている。

③鎌倉時代には幕府が置かれた。江戸時代にはペリーが来航し，外国と貿易をするための港が開かれた。工業では製鉄業や自動車工業がさかんで，製品は世界に輸出されている。

（2）現在の日本の産業や貿易に関する①・②の問いに答えなさい。

①農業や水産業について，正しく述べたものを選びなさい。

あ. 食生活の変化により，農産物の生産額のうち麦類の生産額が最も多くなっている。

い. 米の生産量を消費量が上回ることが続き，米が余ることはなくなっている。

う. 九州の太平洋側では，沖合で暖流と寒流がぶつかり，漁港が発達している。

え. 200海里水域の影響で，遠洋漁業よりも養しょく業の方が，漁かく量が多い。

②工業や貿易について，正しく述べたものを選びなさい。

あ. 交通網が整備され，太平洋ベルト以外にも工業地域が形成されている。

い. 1980年代よりも2010年代の方が，海外に進出している企業の数が少ない。

う. 工業種類別の工業生産額をみると，金属工業の割合が最も高い。

え. アジアの国々との貿易額よりも，ヨーロッパの国々との貿易額の方が多い。

（3）統計に関する①・②の問いに答えなさい。

①次の表は，農業就業人口，65歳以上の農業就業人口，林業就業者数それぞれの推移を示したものです。65歳以上の農業就業人口に当たるものを，**あ〜う**から選びなさい。

	1990年	2000年	2010年	2015年
あ	1597	2058	1605	1331
い	108	67	69	64
う	4819	3891	2606	2097

（単位はすべて千人。『日本国勢図会 2020/21年版』より作成）

②次の表は，すべての工場を中小工場と大工場の2種類に分け，事業所数・従業者数・製造品出荷額等について，それぞれ工場全体に占める割合を比べたものです。従業者数に当たるものを，**あ〜う**から選びなさい。

	あ	**い**	**う**
中小工場	47.5%	67.9%	99.0%
大 工 場	52.5%	32.1%	1.0%

（数値は2017年。『日本国勢図会 2020/21年版』より作成）

（4）私たちの生活について説明した①〜④のA・Bの文を読み，その正誤について正しく述べたものを次から選びなさい。

あ. AもBも正しい。　**い**. Aのみ正しい。　**う**. Bのみ正しい。　**え**. AもBも誤り。

①ごみや水道水に関する文です。

　A：燃えるごみや燃えないごみといった分別の方法や，どんなごみをどの曜日に出すかは，全国的に統一されている。

　B：水道水は，川の水などを取り入れ，下水処理場でろ過してつくられ，水道管で家庭に送られている。

②安全なくらしに関する文です。

　A：警察官がおこなう仕事には，交通事故の対応や事件のそうさだけでなく，事故や事件を防ぐためのまちのパトロールなどがある。

　B：学校内の火災報知機や防火扉，まちにみられる消火せんなどの消防設備は，火災の起こりやすい場所に集中して設置されている。

③災害への備えやくらしの変化に関する文です。

　A：自然災害の対応は昔からの課題であり，災害を防ぐための工事のあとや過去の災害を記録する石碑などが，現在も各地に残っている。

　B：かつての家庭では家事に手間がかかっていたが，高度経済成長期に電気せんたく機などの電化製品が広まったことで，生活は便利になった。

④メディアと情報社会に関する文です。

　A：新聞は全国紙や地方紙などの違いがあるが，どの新聞も社会のニュースを中心に同じ内容を掲載するように決められている。

　B：情報機器がネットワークで結ばれたことで，携帯電話やカードを機器にかざして買い物をしたり，電車に乗ったりすることができるようになった。

2　歴史に関する問1〜問3に答えなさい。

問1　(1)〜(4)の文に関するA〜Cの各文を読み，その正誤について正しく述べたものを，次の**あ〜か**から選びなさい。

> **あ**．Aのみ正しい。　　**い**．Bのみ正しい。　　**う**．Cのみ正しい。
> **え**．Aのみ誤り。　　**お**．Bのみ誤り。　　**か**．Cのみ誤り。

(1)日本全国の遺跡から発見される遺物を調べると，当時の人々の生活がわかります。

A：古墳時代の王や豪族は，すぐれた技術者や多くの労働者を使って古墳を築造した。

B：縄文時代の人々は，集落のまわりを堀やさくで囲み，争いに備えていた。

C：弥生時代の人々は，石包丁やくわなどを使って，米づくりをしていた。

(2)外国の制度や考えを手本として，天皇中心の国づくりがすすめられました。

A：聖徳太子は，唐のすすんだ制度や文化を学ぶため，小野妹子らを派遣した。

B：8世紀のはじめごろ，人々は律令によって税や兵役を負担するようになった。

C：日本に仏教が伝来して400年後，すぐれた技術により奈良の大仏が完成した。

(3)今につながる文化の中には，貴族や武士の生活にルーツをもつものがあります。

A：漢字やかなを交えて書かれるようになった，和歌や随筆がある。

B：正月におこなわれている行事や，端午の節句・七夕などの行事がある。

C：お茶を楽しむ茶の湯や，石や砂を敷いた庭に花を植える生け花がある。

(4)第二次世界大戦後，国際社会の中で日本は大きく発展しました。

A：日中平和友好条約を結んだため，国際連合に加盟が認められた。

B：アジアで初となるオリンピックが，東京で開かれた。

C：日本万国博覧会が，大阪で開かれた。

問2　(1)〜(4)の文に関するA〜Cの各文を，歴史的に古いものから新しいものになるよう正しく並べているものを，次の**あ〜か**から選びなさい。

> **あ**．A→B→C　　　**い**．A→C→B　　　**う**．B→A→C
> **え**．B→C→A　　　**お**．C→A→B　　　**か**．C→B→A

(1)江戸時代の民衆は，さまざまな理由で支配者に抵抗しました。

A：開国後，外国との貿易が始まり国内の物価が急激に上がったため一揆が起こった。

B：厳しい年貢の取り立てに反対し，九州の島原や天草で大きな一揆が起こった。

C：鎖国中，大きな飢饉を原因として，全国的な一揆や打ちこわしが起こった。

(2)政権交代は，批判や不満の高まりが大きな原因であることが多いです。

A：命をかけて元軍と戦った御家人は，幕府から十分な恩賞を与えられなかった。

B：朝廷の権力を握った平氏に対し，貴族や他の武士たちは不満を抱くようになった。

C：日本近海に現れたヨーロッパ船への幕府の対応を批判する人が現れた。

(3)新しい国のしくみをつくる動きが，明治時代にさかんになりました。

A：国会開設を求める運動が高まると，政府はさまざまな法律を定めて弾圧した。

B：天皇が主権をもち，軍隊を率いることを定めた憲法が発布された。

C：強い兵をもつ国をつくるため，政府は徴兵制度を導入した。

(4)諸外国との関係が，国内外の政治や経済を大きく変化させることがあります。

A：不平等条約を改正して，日本は欧米諸国と対等な関係を築くことに成功した。

B：第一次世界大戦中，ヨーロッパ向けの輸出が増加し，日本は好景気を迎えた。

C：ソ連は「日本とはお互いに戦わない」という条約を破り，満州に攻め込んだ。

問3　次の表は，明治時代の主な貿易品目と総額に関するものです。この表に関する(1)・(2)の問いに答えなさい。

輸　　　出		輸　　　入	
1890年(5660万円)	1910年(45843万円)	1890年(8173万円)	1910年(46423万円)
（　X　）24.5%	（　X　）28.4%	綿糸　12.1%	綿花　34.0%
緑茶　10.7%	綿糸　9.9%	砂糖　10.3%	鉄類　7.0%
石炭　8.5%	絹織物　7.2%	機械類　8.9%	機械類　5.1%
水産物　6.4%	綿織物　4.5%	毛織物　8.2%	石油　3.1%

（　）内の数字は総額。『日本貿易精覧』より作成)

(1)上の表のデータだけから読み取れることとして，誤って述べたものを選びなさい。

あ．1890年の機械類の輸入額より，1910年の機械類の輸入額の方が多い。

い．綿糸は，1890年には主な輸入品であったが，1910年には主な輸出品となった。

う．1890年から1910年にかけて，工場の数と工場労働者の数が大きく増えた。

え．1890年と1910年とを比べると，輸出総額は約8倍に増えている。

(2)明治政府が，機械や技術を積極的に導入したため，表中の（　X　）は日本の代表的な輸出品となりました。（　X　）にあてはまる輸出品をひらがなで答えなさい。

3　日本の政治や社会的な課題に関する問1・問2に答えなさい。

問1　日本の政治に関する(1)〜(5)のA・Bの各文を読み，その正誤について正しく述べたものを次の**あ〜え**から選びなさい。

> **あ**．AもBも正しい。　　**い**．Aのみ正しい。　　**う**．Bのみ正しい。　　**え**．AもBも誤り。

(1)国会議員と市町村議会の議員に関する文です。

A：国会議員も市町村議会の議員も，選挙で選ばれる。

B：国会議員も市町村議会の議員も，税金の使いみちを決める予算審議をおこなう。

(2)国と地方公共団体の予算に関する文です。

A：国も地方公共団体も，収入はすべて税金でまかなわれている。

B：国も地方公共団体も，国民や住民の健康を維持するために税金を使っている。

（3）国会に関する文です。
　A：衆議院も参議院も，それぞれ法律案の審議をし，両方の議院で可決されると，法律
　　が制定される。
　B：衆議院も参議院も，内閣によって解散されることがある。
（4）内閣に関する文です。
　A：厚生労働大臣も環境大臣も，内閣総理大臣が任命する。
　B：厚生労働大臣も環境大臣も，閣議に出席して政治の方針を話し合う。
（5）裁判所に関する文です。
　A：地方裁判所も最高裁判所も，法律が憲法に違反していないかを調べる役割をもつ。
　B：地方裁判所も最高裁判所も，都道府県庁所在地に1つずつ設置されている。

問2　現在の日本がかかえる社会的な課題に関する（1）～（3）の問いに答えなさい。
（1）地震について，誤って述べたものを選びなさい。
　あ．日本列島周辺で複数のプレートが衝突していることは，地震の原因となる。
　い．海底で規模の大きな地震が発生することは，津波の原因となる。
　う．震災からの復興を実現するためには，道路や建物の復旧だけでなく経済活動の支援
　　が必要である。
　え．東日本大震災で発生した原子力発電所の事故によって避難指示を受けた地域は，少
　　しずつ縮小し，この避難指示は全面的に解除された。
（2）新型コロナウィルス感染症への対応について，正しく述べたものを選びなさい。
　あ．清潔なマスクを着用していれば，新型コロナウィルスに感染することはない。
　い．PCR検査の結果が陰性であれば，新型コロナウィルスには感染していない。
　う．緊急事態宣言が出された地域では，自宅からの外出が全面的に禁止される。
　え．仕事ができず収入が減った人のために，国は給付金を出して支援をしている。
（3）すべての人々にとってより良い世界をつくるため，世界の国々の政府は，すべての
　　人や地球にとって最も重要な目標について話し合いました。そして，若者や子どもを
　　ふくむ多くの人々や組織が協力し，「SDGs」が決められました。この「SDGs」
　　は，日本語で「（　X　）な開発目標」と呼ばれます。（　X　）にあてはまる言葉を
　　漢字4字で答えなさい。

解　答　ら　ん

※30点満点
（配点非公表）

1　（1）① □　② □　③ □

　（2）① □　② □　（3）① □　② □

　（4）① □　② □　③ □　④ □

2　問1　（1）□　（2）□　（3）□　（4）□

　問2　（1）□　（2）□　（3）□　（4）□

　問3　（1）□　（2）□

3　問1　（1）□　（2）□　（3）□　（4）□　（5）□

　問2　（1）□　（2）□

　（3）□｜□｜□｜□　な開発目標

算　　数　（3枚のうち，その1）

（注意）(1)　答えは解答用紙にかきなさい。

(2)　答えが整数にならないときは，小数で答えても分数で答えてもよろしい。

（50分）

1　次の□の中にあてはまる数を答えなさい。

(1)　$2\frac{1}{7} \times \frac{8}{5} - \frac{5}{4} \div 0.7$ を計算すると，答えは□です。

(2)　底面の半径が5cm，高さが3cmであるような円柱の体積は，

円周率を3.14として計算すると，□cm³ です。

(3)　42.195km は，150km の□％にあたります。

(4)　たて120cm，横120cm，
高さ80cmの直方体の形をした水そうが
水平に置いてあります。
水そうはうすい板でつくられていて，
板の厚さは考えないものとします。
　この水そうの中に，1辺が60cmの
立方体の形をしたおもりが，おもりの底面が
水そうの底の面にぴったりつくように，
右の図のように置いてあります。
　この水そうに，水が入っていない状態から，毎秒1.5Lの割合で
水道から水を入れます。

水を入れ始めてから (ア)□分 (イ)□秒後に，水そうはちょうど満水になります。

また，満水になる (ウ)□分 (エ)□秒前から，水面の上がる速さはおそくなります。

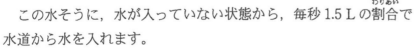
水道　おもり
80cm　120cm　120cm

(5)　F中学校の図書委員は，生徒360人について，図書室の本を1か月に何さつ
借りたかを調べました。借りた本の数と人数を表にまとめると，次のように
なりました。1か月に生徒1人平均何さつ借りたかを，四捨五入して，小数第2位まで
のがい数で答えると□さつになります。

借りた本の数（さつ）	0	1	2	3	4	5	合計
人数（人）	125	26	18	70	75	46	360

(6)　右の図のような，1辺が210mの正方形PQRSがあります。
点Aと点Bは，点Pを同時に出発します。
　点Aは，分速15mの速さで，この正方形PQRSの
辺上をP→Q→R→S→P→Q→R→S→…と
時計と反対まわりに移動し続けます。
　点Bは，分速6mの速さで，この正方形PQRSの
辺上をP→S→R→S→P→S→R→S→…と
PからSの間とSからRの間を移動し続けます。

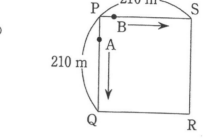
210m　P B S　A 210m　Q R

①　点Aと点Bが出発したあと，点Aと点Bが初めて重なるのは，

点Aと点Bが出発してから□分後です。

②　点Aと点Bが出発したあと，点Aと点Bが2回目に重なるのは，

点Aと点Bが出発してから□分□秒後です。

③　点Aと点Bが出発したあと，点Aと点Bが初めて点Pで重なるのは，

点Aと点Bが出発してから□分後です。

(7)　右の図で，四角形ABCDと
四角形DEFGは面積の等しい長方形です。
点Eは辺AD上の点で，
直線AEの長さは22cmです。
直線ABの長さは15cmです。
点Hは直線BDと直線EFが交わる点です。
三角形DHFの面積は240cm²です。

三角形EBHの面積は□cm² です。

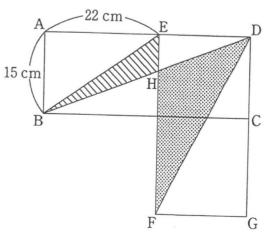
A　22cm　E　D　15cm　H　B　C　F　G

2　整数をそれより小さい整数でわった答えを，帯分数で表したときの真分数の部分について考えます。求めた真分数の部分が約分できるときは，約分できなくなるまで約分します。わり算の答えが整数になるときは，真分数の部分は0とします。

例えば，25以上30以下のすべての整数を，それぞれ4でわったときについて考えます。このとき，わり算の答えは，順に $6\frac{1}{4}$, $6\frac{1}{2}$, $6\frac{3}{4}$, 7, $7\frac{1}{4}$, $7\frac{1}{2}$ の6個です。

このときにできる真分数の部分は，順に $\frac{1}{4}$, $\frac{1}{2}$, $\frac{3}{4}$, 0, $\frac{1}{4}$, $\frac{1}{2}$ の6個となります。

この6個の真分数の部分のうち，分子が1である分数は4個です。

次の　　の中にあてはまる数を答えなさい。

(1)　20以上30以下のすべての整数を，それぞれ15でわったときについて考えます。このときにできる真分数の部分のうち，分子が1である分数は (ア) 個で，分子が素数である分数は (イ) 個です。

(2)　100以上200以下のすべての整数を，それぞれ6でわったときについて考えます。このときにできる真分数の部分をすべてたすと，答えは　　になります。

(3)　2500以上7500以下のすべての整数を，それぞれ52でわったときについて考えます。このときにできる真分数の部分のうち，分子が1である分数をすべてたすと，答えは　　になります。

3　図1のような形のタイルを「Tタイル」とよぶことにします。
Tタイルは，たて2cm，横3cmの長方形のかどから，図1のように，1辺が1cmの正方形を2つ取りのぞいた形です。

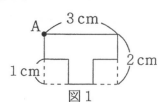

図1

十分大きな平らな壁の真ん中に，図2のような正方形の形をしたタイルを，図2の向きではります。
そのタイルを「基準の正方形」とします。さらに次の手順で，基準の正方形のまわりにTタイルをはっていきます。

図2

手順1　基準の正方形の左下の頂点と，図1の点Aの位置にある頂点が重なるように，Tタイルを図1の向きではります。

手順2　基準の正方形よりも1辺が4cm長い正方形ができるように，Tタイルを，図3のように時計と反対まわりに，1枚ずつ順にすきまなくはっていきます。正方形ができたら，それを新しく基準の正方形とします。

手順3　手順1〜2を何度もくり返します。

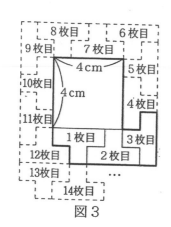

図3

図3の太線部分は，Tタイルを3枚はったときにできる図形で，面積は28cm²，まわりの長さは26cmです。

次の　　の中にあてはまる数を答えなさい。

(1)　Tタイルの枚数と，Tタイルをその枚数はったときにできる図形のまわりの長さとの関係を表にまとめると，次のようになります。

表の あ にあてはまる数は　　，い にあてはまる数は　　です。

Tタイルの枚数(枚)	1	2	3	4	5	6	…
できる図形のまわりの長さ(cm)	20	22	26	あ	い	30	…

(2)　Tタイルを (ア) 枚はったときにできる図形は，1辺が20cmの正方形です。

Tタイルを100枚はったときにできる図形のまわりの長さは (イ) cmです。

(3)　Tタイルを222枚はったときにできる図形の面積は (ア) cm²で，その図形のまわりの長さは (イ) cmです。

受検番号

1

(1) ☐

(2) ☐ cm³

(3) ☐ %

(4) (ア) ☐ 分　(イ) ☐ 秒
　　(ウ) ☐ 分　(エ) ☐ 秒

(5) ☐ さつ

(6) ① ☐ 分
　　② ☐ 分 ☐ 秒
　　③ ☐ 分

(7) ☐ cm²

2

(1) (ア) ☐ 個
　　(イ) ☐ 個

(2) ☐

(3) ☐

3

(1) あ にあてはまる数は ☐
　　い にあてはまる数は ☐

(2) (ア) ☐ 枚
　　(イ) ☐ cm

(3) (ア) ☐ cm²
　　(イ) ☐ cm

理　科

（注意）答えはすべて解答らんに記入しなさい。

（※社会と理科2科目合わせて50分）

1 福山市で虫めがねや鏡を使って，光についての実験をしました。あとの各問いに答えなさい。

【実験1】虫めがねを使って，日光を集める実験をしました。右の図のように，虫めがねの位置は変えずに，紙をAの位置からDの位置まで動かしながら日光の集まっているようすを観察し，4cmごとに記録しました。日光が集まった面積が一番小さくなった位置での記録は，図の4つの中にはありません。

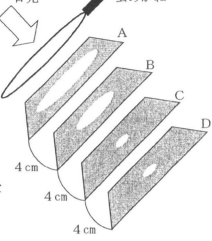

(1) 日光を集めて紙を早くこがします。

① 次のア～エの色のうち，どの色の紙を使うと早くこげますか。1つ選び，記号で答えなさい。

　　ア．白　　イ．赤　　ウ．黄　　エ．黒

② 紙を早くこがすためには，次のア～キのうち，どこに紙を置けばよいですか。最も適当なものを1つ選び，記号で答えなさい。

　　ア．Aの位置　　　　イ．Aの位置からBの位置までの間

　　ウ．Bの位置　　　　エ．Bの位置からCの位置までの間

　　オ．Cの位置　　　　カ．Cの位置からDの位置までの間

　　キ．Dの位置

【実験2】日なたにいる人が日光を鏡ではね返し，室内にいる人の鏡につなぎ，的に当てる実験をしました。右の図は，光が的Aに当たっているときの室内のようすを，上から見たものです。

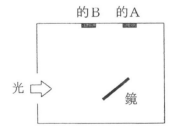

(2) 室内の人の鏡を一回だけ動かし，的Bに光が当たるようにします。鏡はどのように動かせばよいですか。次のア～エの中からすべて選び，記号で答えなさい。ただし，破線（•••••••）は動かす前の鏡を，実線（———）は動かした後の鏡を，矢印は鏡を動かした向きを表しています。

ア．左に動かす　　　イ．右に動かす　　　ウ．反時計回り　　エ．時計回り
　　　　　　　　　　　　　　　　　　　　　　に動かす　　　　に動かす

【実験3】日なたの地面の上に，地面に対して平行に光電池を置き，モーターをつなぐと，モーターが回りました。

(3) 次のア～オの方法のうち，モーターがはじめよりも速く回るのはどれですか。すべて選び，記号で答えなさい。

ア．光が当たっていた光電池の面を白い紙でおおう。

イ．光が当たっていた光電池の面を黒い紙でおおう。

ウ．複数の鏡を使ってはね返した日光を，光が当たっていた光電池の面に当てる。

エ．光電池をかたむけ，光が当たっていた光電池の面を太陽に向ける。

オ．光電池をかたむけ，光が当たっていた光電池の面を北の方角に向ける。

(4) モーターが速く回るときに流れる電流は，はじめのときの電流に比べてどうなりますか。次のア～ウの中から1つ選び，記号で答えなさい。

ア．強くなる　　　　イ．弱くなる　　　　ウ．変わらない

2 図1は，ある場所の地層のようすをあらわしたものです。また，表は図1で示すA～Dの層の特ちょうです。あとの各問いに答えなさい。

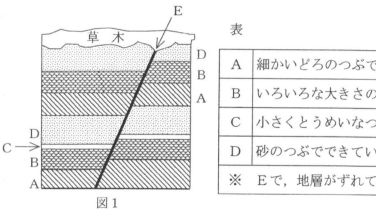

図1

表

A	細かいどろのつぶでできている。
B	いろいろな大きさのれきがたくさんある。
C	小さくとうめいなつぶがたくさんある。
D	砂のつぶでできている。
※	Eで，地層がずれている。

(1) Aの層のつぶが固まってできる岩石を何といいますか。

(2) Bの層のれきの形には，流れる水のはたらきを受けた特ちょうが見られました。その特ちょうは何だと考えられますか。「，」や「。」を用いないで，10字以内で答えなさい。

(3) Cの層のつぶをそう眼実体けんび鏡で観察すると火山灰であることがわかりました。観察したつぶの形にはどのような特ちょうがあったと考えられますか。「，」や「。」を用いないで，10字以内で答えなさい。

(4) 砂とれきはつぶの大きさで区別します。れきの大きさは何mm以上ですか。

(5) Dの層では化石が見つかりました。ヒマラヤ山脈の高さ4000mあたりでは，図2のような化石が見つかっています。図2は何という生物の化石ですか。生物の名前を答えなさい。また，この生物はどのようなところにすんでいましたか。次のア〜オの中から1つ選び，記号で答えなさい。

図2

ア．森林　　イ．砂ばく　　ウ．海
エ．川の上流　　オ．高い山の頂上付近

(6) Eのずれを何といいますか。漢字2字で答えなさい。

(7) 次のア〜エのうち，Eのようなずれが生じるときに起きるのはどれですか。最も適当なものを1つ選び，記号で答えなさい。
ア．火山の噴火　　イ．地震　　ウ．台風　　エ．集中ごう雨

3 次の文章を読み，あとの各問いに答えなさい。

　Aさんは福山市で4月の中ごろにインゲンマメとヘチマの種子をまきました。インゲンマメは1週間で発芽し，それから3週間後には大きく成長しました。さらに3週間後に花がさき，その10日後には実が大きく育っていました。その後もインゲンマメとヘチマを育てました。

(1) 次の文章は，植物の種子と発芽について説明したものです。文章中の（ ① ）〜（ ③ ）にあてはまる言葉を，あとのア〜キの中からそれぞれ1つずつ選び，記号で答えなさい。

　種子が発芽するためには，水，適当な温度，（ ① ）が必要である。また，種子の中には（ ② ）がふくまれており，発芽するときの養分として使われる。
　わたしたちが「たね」とよんでいるものには，種子の場合と実の場合がある。実の場合である植物の例には（ ③ ）がある。

ア．肥料　　イ．空気　　ウ．日光　　エ．食塩
オ．でんぷん　カ．ヒマワリ　キ．ヘチマ

(2) 図1はインゲンマメの種子をたてに割ったときのようすで，図2は発芽して1週間後のインゲンマメを土からとり出したときのようすです。図1のaの部分は図2のb〜fのどの部分になりますか。正しいものを次のア〜カの中から1つ選び，記号で答えなさい。

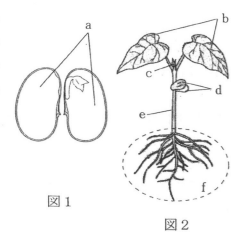
図1
図2

ア．bの部分
イ．bとcの部分
ウ．dの部分
エ．bとcとdの部分
オ．bとeとfの部分
カ．fの部分

(3) ある日，Aさんはヘチマの花が多くさいているのを見つけ，観察しました。すると，ヘチマには，次のXとYのような2種類の花がありました。XとYについて正しく説明した文はどれですか。あとのア〜カの中からすべて選び，記号で答えなさい。

X　　　　　Y
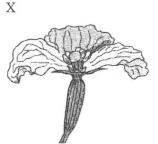 

ア．Xにはおしべがあるが，Yにはおしべがない。
イ．Xにはおしべがないが，Yにはおしべがある。
ウ．XとYの両方におしべがある。
エ．XとYの両方にがくがある。
オ．Yには実がなる。
カ．XとYのように，2種類の花はアサガオにもみられる。

(4) Aさんが，ヘチマの花が多くさいているのを観察したのはいつごろだと考えられますか。次のア〜エの中から1つ選び，記号で答えなさい。
ア．4月の終わり　イ．5月の中ごろ　ウ．7月の中ごろ　エ．10月の初め

4 水よう液A，B，C，Dは食塩水，炭酸水，塩酸，水酸化ナトリウム水よう液のいずれかです。次の【実験1】～【実験3】は，A，B，C，Dが何かを調べた実験の方法と結果です。あとの各問いに答えなさい。

【実験1】水よう液A，B，C，Dをそれぞれ赤色リトマス紙につけると，Aのみ青色に変化した。

【実験2】水よう液B，C，Dをそれぞれ蒸発皿にとり加熱すると，Cのみ白い固体が残った。

【実験3】水よう液B，Dをそれぞれ試験管にとり，（　X　）を加えると，Bのみ白くにごった。

(1) 【実験1】の結果から考えて，水よう液AにBTB液を1～2てき加えると，何色になりますか。

(2) 【実験2】では，水が蒸発しています。ビーカーに入れた水を加熱すると，水は蒸発やふっとうをします。水がふっとうしている間の説明として正しいものはどれですか。次のア～エの中からすべて選び，記号で答えなさい。

　ア．ビーカー内にある液体の水の温度は上がり続ける。

　イ．ビーカー内にある液体の水の体積は減る。

　ウ．ビーカー内にある液体の水の中からさかんに出るあわは，水蒸気である。

　エ．ビーカーの上に出る湯気は，気体の水である。

(3) 次の文章は炭酸水にとけているものについて説明したものです。文章中の（　①　），（　②　）にあてはまる言葉を，あとのア～オの中からそれぞれ1つずつ選び，記号で答えなさい。

　炭酸水にとけているものは空気の成分の1つであり，ヒトの呼吸ではき出した息にふくまれる割合は，すう前の空気中の割合に比べて（　①　）。また，植物に日光が当たっていないとき，植物は炭酸水にふくまれる空気の成分を（　②　）。

　ア．増える　　イ．減る　　ウ．変わらない　　エ．取り入れる　　オ．出す

(4) （　X　）にあてはまる言葉を答えなさい。

(5) 水よう液A，B，C，Dは何だと考えられますか。次のア～エの中からそれぞれ1つずつ選び，記号で答えなさい。

　ア．食塩水　　イ．炭酸水　　ウ．塩酸　　エ．水酸化ナトリウム水よう液

(6) 水よう液A，B，C，Dのうち，青色リトマス紙が赤色に変化するものをすべて選び，A～Dの記号で答えなさい。

解　答　ら　ん　※30点満点（配点非公表）

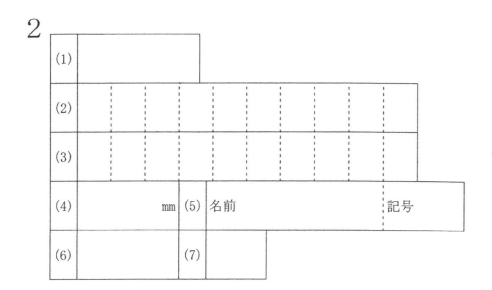

1

(1)	①	②	(2)	
(3)		(4)		

2

(1)								
(2)								
(3)								
(4)	mm	(5)	名前			記号		
(6)		(7)						

3

(1)	①	②	③	(2)	
(3)		(4)			

4

(1)		(2)		
(3)	①	②	(4)	
(5) A	B	C	D	(6)

（注意）解答は，すべて解答らんに記入し，答えを選ぶ問いは記号で一つ答えなさい。

1　こういち君とかなこさんは，2012年から2019年までの「今年の漢字」を調べて表にまとめました。この表について，（1）～（7）の各問いに答えなさい。なお，（1）～（5）は，表中の下線部に対応しています。

年	漢字	説　明
2019	令	新しい元号が令和となり，新しい(1)天皇が即位した。
2018	A	大阪北部地震，北海道胆振東部地震や西日本豪雨などが起こった。
2017	北	(2)北朝鮮ミサイルの北海道沖落下や，九州北部豪雨などの災害があった。
2016	金	リオオリンピックでの金メダルにわき，(3)政治と金の問題にゆれた。
2015	安	(4)安全保障関連法の制定をめぐり，与党と野党が対立した。
2014	B	消費税率が17年ぶりに引き上げられ，税率が8％となった。
2013	輪	日本中が輪になって歓喜にわいた。(5)災害に対する支援の輪が広がった。
2012	C	ロンドンオリンピックで，当時日本史上最多の38個のメダルを獲得した。

（注）「今年の漢字」とは，日本漢字能力検定協会が，毎年その年の社会のようすを表す漢字一字を全国から募集し，そのなかで最も応募数の多かった漢字一字を発表するものです。

（1）日本国憲法で定められた天皇の仕事(国事行為)にあてはまらないものを選びなさい。
　あ．予算案をつくること　　　　　　　い．国会を召集すること
　う．衆議院を解散すること　　　　　　え．憲法改正を公布すること

（2）北朝鮮の2019年の動向について述べたものを選びなさい。
　あ．日本と貿易をめぐって対立が起こり，日本へ旅行する人の数が減った。
　い．アメリカと貿易をめぐって争い，輸入品にかける税を互いに引き上げ対抗しあった。
　う．同じ半島の南側の国との関係が悪化する一方，アメリカと首脳会談をおこなった。
　え．日本との間で領土返還の問題があるが，平和条約を結ぶための交渉をおこなった。

（3）日本の政治のしくみについて，正しく述べたものを選びなさい。
　あ．都道府県知事を選ぶ選挙では，25歳以上の国民が立候補できる。
　い．都道府県の議会は，条例をつくることができる。
　う．内閣は，18歳以上の国民による選挙で各大臣が選ばれる。
　え．裁判所は，外国と結ぶ条約の承認をおこなう。

（4）法律の成立について，正しく述べたものを選びなさい。
　あ．天皇が決めたことを，内閣総理大臣が発表する。
　い．内閣が提案して，国民投票をおこなって決める。
　う．内閣総理大臣が，他の国務大臣と相談をして決める。
　え．衆議院と参議院のそれぞれで，話し合いをして決める。

（5）災害に対する備えや心がまえについて，誤って述べたものを選びなさい。
　あ．災害に備え，市が防災マップをつくったり，防災訓練をおこなったりしている。
　い．火事に備え，消火せんや防火水そうを，地域ごとに必ずつくることになっている。
　う．大雨のときは，川の近くは危険であるが，川からはなれた山のそばは安全である。
　え．地震のときは，大きなゆれがおさまっても，津波の発生に注意する必要がある。

（6）表中のA～Cにあてはまる漢字の組み合わせとして，正しいものを選びなさい。
　あ．A＝金　B＝災　C＝税　　　い．A＝金　B＝税　C＝災　　　う．A＝災　B＝金　C＝税
　え．A＝災　B＝税　C＝金　　　お．A＝税　B＝金　C＝災　　　か．A＝税　B＝災　C＝金

（7）今年は，東京で夏季オリンピックが開催されます。東京でのオリンピックの開催が決まったのは何年ですか。2012年から2019年のなかからあてはまる年を答えなさい。

2　歴史に関する次の（1）～（10）の各問いに答えなさい。

（1）日本が大陸から学んだことに関するA・Bの文の正誤について，正しく述べたものを選びなさい。

　A：渡来人によって，建築や土木の技術，漢字や仏教が伝えられた。
　B：東西南北にのびる道路で碁盤の目のように区切る都のつくり方が，唐から伝えられて平城京に用いられた。

　あ．AもBも正しい。　　　い．Aのみ正しい。　　　う．Bのみ正しい。　　　え．AもBも誤り。

（2）遣唐使が停止された後に，日本では国風文化とよばれる日本風の文化が発達しました。国風文化にあてはまらないものを選びなさい。
　あ．十二単　　　い．水墨画　　　う．かな文字　　　え．寝殿造

（3）元や元寇について，誤って述べたものを選びなさい。
　あ．元は，モンゴルから起こって中国に進出してできた国である。
　い．執権の北条時宗は，日本を服属させようとする元の要求を拒否した。
　う．元軍と戦った日本の武士は，集団戦法や火薬兵器に苦しんだ。
　え．元軍を退けた武士たちは，幕府から十分なほうびをもらった。

（4）室町時代の社会や文化について，誤って述べたものを選びなさい。
　あ．朝晩2回の食事から，1日3回の食事をとることが多くなった。
　い．歌舞伎が人々の人気を集め，役者の浮世絵が多くつくられた。
　う．水を使わず，石や砂を用いた庭園が寺院につくられた。
　え．書院造の部屋の床の間に，生け花をかざるようになった。

（5）織田信長がおこなったこととして，誤って述べたものを選びなさい。
　あ．明を征服するために，2度にわたって朝鮮半島に出兵した。
　い．商業をさかんにするために，安土の城下町でだれでも商売ができるようにした。
　う．仏教勢力と対抗するために，キリスト教を保護した。
　え．豊富な資金を手に入れるために，堺を支配した。

（6）江戸幕府がおこなったことについて，誤って述べたものを選びなさい。

あ. 武家諸法度に，大名を1年おきに江戸に住まわせる参勤交代の制度を加えた。

い. 年貢の厳しい取り立てに反対して起こった，島原・天草一揆を鎮めさせた。

う. 薩摩藩をおもな窓口として，朝鮮との外交や貿易をおこなわせた。

え. キリスト教の禁止を徹底させるため，ポルトガル船の日本への来航を禁止した。

（7）ペリー来航から江戸幕府の滅亡までの間における，日本の開国とその影響について，誤って述べたものを選びなさい。

あ. アメリカの強い態度におされた幕府は，日米和親条約を結んだ。

い. 外国人が日本で罪をおかしても，日本の法で処罰できないことになった。

う. 輸入品にかける税金を，日本が自由に決めることができるようになった。

え. 貿易によって，国内の物価が急激に上がり，人々の生活が苦しくなった。

（8）明治政府がおこなったことについて，誤って述べたものを選びなさい。

あ. 共に中国と戦うために，朝鮮と対等な条約を結んだ。

い. 欧米諸国のような国の制度を整えるために，憲法をつくった。

う. 工業を発展させるために，官営工場をつくった。

え. 強い軍隊をつくるために，徴兵令を出した。

（9）太平洋戦争中の日本のようすについて，誤って述べたものを選びなさい。

あ. 資源が乏しいなかで兵器の材料を確保するために，鉄製品の回収がおこなわれた。

い. 兵力の不足を補うために，大学生が徴兵されて戦場に行くことがあった。

う. 空しゅうから逃れるために，都市部の児童が地方へ疎開した。

え. 食料不足に対応するために，農地改革がおこなわれた。

（10）次のA～Cを，古いものから新しいものになるよう正しく並べたものを選びなさい。

　　A：日中平和友好条約が結ばれた。　　　　B：日本が国際連合に加盟した。

　　C：サンフランシスコ平和条約が結ばれた。

あ. A→B→C　　**い**. A→C→B　　**う**. B→A→C

え. B→C→A　　**お**. C→A→B　　**か**. C→B→A

---

③ 日本に関する（1）～（9）の各問いに答えなさい。

（1）日本の位置や地形の特色について，誤って述べたものを選びなさい。

あ. 日本列島は，ユーラシア大陸の東に位置している。

い. 北端の択捉島から西端の沖ノ鳥島まで，3000km以上にわたり島が連なっている。

う. 国土が山がちであり，国土全体のおよそ4分の3が山地である。

え. 河川の多くは，外国の河川に比べると傾きが大きく流れが急である。

（2）地域ごとの降水量の特徴をもたらす原因について，誤って述べたものを選びなさい。

あ. 北海道で年間の降水量が少ないのは，梅雨がないためである。

い. 中央高地で年間の降水量が少ないのは，雨を降らせる風が届きにくいからである。

う. 本州の日本海側で冬の降水量が多いのは，南東からの季節風による影響である。

え. 本州の太平洋側で夏の降水量が多いのは，梅雨や台風の影響を受けるからである。

（3）右図は，揖斐川と長良川に囲まれた岐阜県海津市の輪中の断面を大まかに示したもので，図中のア～ウは，家，水田，道路のいずれかにあたります。ア・ウにあたるものの組み合わせとして，正しいものを選びなさい。

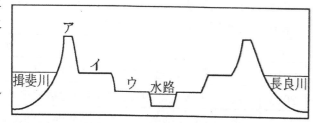

あ. ア＝家，ウ＝道路　　**い**. ア＝家，ウ＝水田　　**う**. ア＝道路，ウ＝家

え. ア＝道路，ウ＝水田　　**お**. ア＝水田，ウ＝家　　**か**. ア＝水田，ウ＝道路

（4）米作りについて，誤って述べたものを選びなさい。

あ. 米を栽培するそれぞれの土地や気候に合わせた，おいしい米を作るための品種改良がくり返されてきた。

い. 全国においしい米を出荷するために，カントリーエレベーターで米を保管する取り組みがおこなわれている。

う. 米の消費量が減少し古米の在庫量が増加したことをきっかけに，50年ほど前から，米の生産調整がおこなわれた。

え. 外国で日本の米が高く売れることから，若い人が農業をはじめるようになり，60歳未満の農業をする人の数は増え続けている。

（5）次の表は，2つの食料の自給率のうつりかわりを示したものです。この食料について正しく説明したものを選びなさい。

	1960年	1970年	1980年	1990年	2000年	2010年
ア	100%	99%	97%	91%	81%	81%
イ	39%	9%	10%	15%	11%	9%

（「平成29年度食料需給表」により作成）

あ. アは外国からの輸入量が多い肉類である。

い. アは外国からの輸入量が少ない野菜である。

う. イは外国からの輸入量が多い米である。

え. イは外国からの輸入量が少ない小麦である。

（6）水産業について，誤って述べたものを選びなさい。

あ. 水あげ量が上位10位以内の漁港は，太平洋側より日本海側に多い。

い. 太平洋では，マグロやカツオなどの比較的大きな魚が水あげされる。

う. 北海道や青森県では，漁業だけではなく，ホタテ貝の養殖がおこなわれている。

え. 長崎県で水あげされるアジの一部は，専用トラックで新鮮なまま東京まで運ばれる。

受検番号

④ごみにかかわる問題について説明した文です。
A. 家庭から出るごみのなかには，分別のルールが守られていないごみがあり，ごみの処理に手間がかかっている。
B. 海洋プラスチックなど，プラスチックごみの問題に取り組むため，飲食店のなかには紙でつくられたストローを使いはじめたところがある。

（7）次の表は，1987年と2017年における，日本の総輸出額と，輸出額が多いものから順に6品目と総輸出額に占める割合をそれぞれ示したものです。この表から確実に読み取れることとして，正しいものを選びなさい。

1987年 総輸出額33.3兆円	機械類 42%	自動車 20%	鉄　鋼 6%	精密機械 5%	繊維品 3%	船　舶 2%
2017年 総輸出額78.3兆円	機械類 38%	自動車 15%	自動車部品 5%	鉄　鋼 4%	精密機械 3%	プラスチック 3%

（『日本国勢図会1988』，『日本国勢図会2018/19』により作成）

あ. 1987年から2017年まで，日本の総輸出額は毎年増加している。
い. 2017年における鉄鋼の輸出額は，1987年に比べて増加している。
う. 2017年における自動車の輸出台数は，1987年に比べて減少している。
え. 2017年におけるプラスチックの輸出額は，1987年に比べて減少している。

（8）日本の資源の輸入について，誤って述べたものを選びなさい。

あ. 石油，石炭，鉄鉱石とも，消費量の9割以上を外国からの輸入にたよっている。
い. 石油は，サウジアラビアやアラブ首長国連邦からの輸入が多い。
う. 石炭は，オーストラリアやカナダからの輸入が多い。
え. 鉄鉱石は，中国やインドからの輸入が多い。

（9）①〜④のA・Bの文を読み，その正誤について正しく述べたものを次から選びなさい。

あ. AもBも正しい。　い. Aのみ正しい。　う. Bのみ正しい。　え. AもBも誤り。

①災害による被害や影響を少なくするためにすべきことについて説明した文です。
A. 住民は，災害時の避難経路や避難場所を確認しておくようにする。
B. 地方公共団体は，防災備蓄倉庫を設置し，被災した住民が生活できるようにする。

②おもな工業地帯について説明した文です。
A. 京浜工業地帯は，もっとも工業生産額が多い工業地帯である。
B. 阪神工業地帯には，書籍の生産が日本で最も多い都道府県が含まれる。

③次に示した地図記号が地図上のどのような場所でみられるかについて説明した文です。

ア ☼　　イ 📖

A. アは，おもに山の上など，日当たりがよいところに多くみられる。
B. イは，おもに役所の近くなど，人が集まるところに多くみられる。

解　答　らん　　※30点満点（配点非公表）

1　(1)□　(2)□　(3)□　(4)□
　　(5)□　(6)□　(7)□年

2　(1)□　(2)□　(3)□　(4)□
　　(5)□　(6)□　(7)□　(8)□
　　(9)□　(10)□

3　(1)□　(2)□　(3)□　(4)□
　　(5)□　(6)□　(7)□　(8)□
　　(9)①□　②□　③□　④□

（注意）(1)　答えは解答用紙にかきなさい。
　　　　(2)　答えが整数にならないときは，小数で答えても分数で答えてもよろしい。

(50分)

1　次の □ の中にあてはまる数を答えなさい。

(1)　$3.5 \div \dfrac{7}{9} - 1\dfrac{2}{5} \times \dfrac{5}{8}$ を計算すると，答えは □ です。

(2)　14 g の食塩から，その 97 ％ を取りのぞくと，残りの食塩は □ g になります。

(3)　ある四角形の頂点を中心として
半径 4 cm の円を 4 つかくと
右の図のようになりました。
円周率を 3.14 として計算すると，
右の図のななめの線をつけた
図形の面積は □ cm² です。

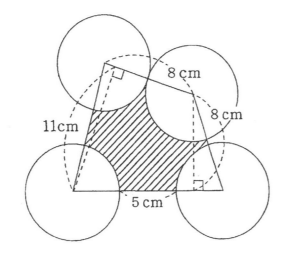

(4)　右の図は，ある立体 A の展開図で，
それぞれの面を図のように ㋐ 〜 ㋔ とします。
①　立体 A で，面 ㋐ と垂直である面の面積を
すべてあわせると □ cm² です。
②　立体 A と同じ体積の直方体 B を考えます。
B の高さが 5 cm のとき，
B の底面積は □ cm² です。

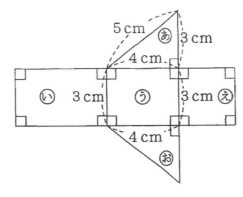

(5)　右の図のような，直方体の形の容器が水平に置いてあります。
容器はうすい板でつくられていて，板の厚さは考えないものとします。
　　この容器に，水が入っていない状態から，毎分 30 L の割合で水を入れます。
水を入れ始めてから
□ 時間 □ 分 □ 秒後に，
この容器は満水になります。

(6)　A さんは，3 時ちょうどに学校を出発して，駅まで走りました。
　　B さんは，3 時 5 分に学校を出発し，駅に向かって走り出しました。B さんは，
3 時 17 分に学校から 1 km の地点で立ち止まり，その場で 5 分間休みました。
B さんは，3 時 22 分にその場を出発し，休む前と同じ速さで駅に向かって
走り出しました。その後，B さんは，A さんと同時に駅に着きました。
　　C さんは，3 時 10 分に学校を出発し，駅に向かって走り出しました。
C さんは，3 時 17 分に学校から 1 km の地点で B さんを追いぬき，
B さんを追いぬいた $\dfrac{49}{3}$ 分後に駅に着きました。
　　3 人は，学校から駅まで同じ道を走りました。

①　B さんの走る速さは，分速 □ km です。

②　C さんの走る速さは，分速 □ km です。

③　学校から駅までの道のりは □ km です。

④　A さんの走る速さは，分速 □ km です。

(7)　ある分数を，分子が 1 で分母が整数である 2 つの分数の差で表すことを
考えます。たとえば，$\dfrac{1}{4}$ は，$\dfrac{1}{2} - \dfrac{1}{4}$ や $\dfrac{1}{3} - \dfrac{1}{12}$ と表すことができます。

$\dfrac{1}{10}$ は，$\dfrac{1}{(ア)} - \dfrac{1}{(イ)}$ ，$\dfrac{1}{(ウ)} - \dfrac{1}{(エ)}$ ，

$\dfrac{1}{(オ)} - \dfrac{1}{(カ)}$ ，$\dfrac{1}{(キ)} - \dfrac{1}{(ク)}$ と 4 通りで表すことができます。

（4 通りの表し方は，どの順で答えてもかまいません。）

2 図１のような，１辺の長さが１cmの立方体がたくさんあります。これらの立方体の面にはすべて，図２のように点線がかかれています。この立方体を，平らな地面の上に，たてに何個か，横に何個かならべて，直方体の形をした高さ１cmの土台をつくります。この土台の上の面には，４辺すべてが点線でつくられた１辺の長さが１cmの正方形ができる場合があります。このような正方形ができる場合は，そのできた正方形のすべてにひとつひとつぴったり重なるように，図１の立方体を１つずつのせる作業をおこないます。立方体をのせるこの作業は，上の面に，４辺すべてが点線でつくられた正方形ができなくなるまでくり返します。こうしてできあがる立体の見えている部分すべてに色をぬります。底には色をぬりません。

　たとえば，図１の立方体をたてに２個，横に２個ならべて図３の土台をつくります。この土台から図１の立方体をのせる作業を始めると，図４の立体ができあがります。できあがる立体の色をぬる部分の面積は全部で16 cm² となります。

　次の ☐ の中にあてはまる数を答えなさい。

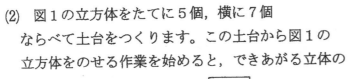
図１　図２　図３　図４

(1) 図１の立方体をたてに４個，横に３個ならべて図５の土台をつくります。この土台から図１の立方体をのせる作業を始めると，図６の立体ができあがります。できあがる立体の色をぬる部分の面積は全部で ☐ cm² となります。

(2) 図１の立方体をたてに５個，横に７個ならべて土台をつくります。この土台から図１の立方体をのせる作業を始めると，できあがる立体の色をぬる部分の面積は全部で ☐ cm² となります。

(3) 図１の立方体をたてに７個，横に ☐ 個ならべて土台をつくります。この土台から図１の立方体をのせる作業を始めると，できあがる立体の色をぬる部分の面積は全部で245 cm² となります。

図５　図６

3 黒板にかかれた円の円周上に，点をいくつかかきます。その点の中から２点を選び，その２点を通る直線をひくことを，すべての点を選び終えるまでくり返します。このようにしてかかれる図のうち，円周上のどの点も１度だけ選ばれており，ひかれたどの直線も円の内側で交わっていない図だけを考えます。

　たとえば，黒板にかいた点が図１のとき，考えられる図は，図２のように直線 AB がひかれている図と図３のように直線 AD がひかれている図の２通りだけです。

　次の ☐ の中にあてはまる数を答えなさい。

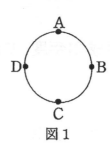
図１

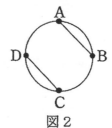
図２

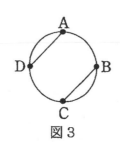
図３

(1) 黒板にかいた点が図４のときを考えます。

① このときに考えられる図のうち，
直線 AB がひかれている図は (ア) 通り，
直線 AD がひかれている図は (イ) 通り，
直線 AF がひかれている図は (ウ) 通りあります。

② このときに考えられる図は，全部で ☐ 通りあります。

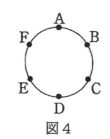
図４

(2) 黒板にかいた点が図５のときを考えます。

① このときに考えられる図のうち，
直線 AB がひかれている図は (ア) 通り，
直線 AD がひかれている図は (イ) 通り，
直線 AF がひかれている図は (ウ) 通り，
直線 AH がひかれている図は (エ) 通りあります。

② このときに考えられる図は，全部で ☐ 通りあります。

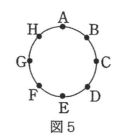
図５

(3) 黒板にかいた点が図６のときを考えます。

このときに考えられる図は，全部で ☐ 通りあります。

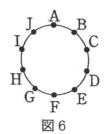
図６

算　答
解

受検番号

※40点満点
（配点非公表）

1　(1) ☐

(2) ☐ g

(3) ☐ cm²

(4) ① ☐ cm²　② ☐ cm²

(5) ☐ 時間 ☐ 分 ☐ 秒

(6) ① 分速 ☐ km

② 分速 ☐ km

③ ☐ km

④ 分速 ☐ km

(7)　$\dfrac{1}{(ア)}$　$\dfrac{1}{(イ)}$　，　$\dfrac{1}{(ウ)}$　$\dfrac{1}{(エ)}$　，

$\dfrac{1}{(オ)}$　$\dfrac{1}{(カ)}$　，　$\dfrac{1}{(キ)}$　$\dfrac{1}{(ク)}$

2　(1) ☐ cm²

(2) ☐ cm²

(3) ☐ 個

3　(1) ① (ア) ☐ 通り，(イ) ☐ 通り，

(ウ) ☐ 通り

② 全部で ☐ 通り

(2) ① (ア) ☐ 通り，(イ) ☐ 通り，

(ウ) ☐ 通り，(エ) ☐ 通り

② 全部で ☐ 通り

(3) 全部で ☐ 通り

理　科

（注意）答えはすべて解答らんに記入しなさい。

（※社会と理科2科目合わせて50分）

1 食塩20gを，20℃の水100mL（100g）に入れると，食塩はすべてとけました。そこで，もののとけ方について調べる次の実験をしました。あとの各問いに答えなさい。

【実験1】20℃の水100mLに，食塩を5g入れてじゅうぶんにかき混ぜました。すべてとければ，さらに食塩を5g入れてじゅうぶんにかき混ぜました。これをくり返し，食塩が何回まですべてとけるのかを調べました。この操作を30℃，40℃，50℃，60℃，70℃，80℃の水100mLについても行いました。

【実験2】ミョウバンについて，【実験1】と同じ操作をし，各温度の水100mLに5gのミョウバンが何回まですべてとけるのかを調べました。

次の表は【実験1】，【実験2】の結果をまとめたものです。なお，結果が「5回」であれば，5回までは水にすべてとけ，6回めにとけ残りができたことを表しています。

表　【実験1】【実験2】の結果

水の温度	20℃	30℃	40℃	50℃	60℃	70℃	80℃
食塩	7回	7回	7回	7回	7回	7回	7回
ミョウバン	1回	1回	2回	3回	4回	8回	14回

(1) 上皿てんびんの使い方を示した次のア～オについて，正しいものには○，まちがっているものには×を，解答らんに書き入れなさい。ただし，上皿てんびんは，右ききの人が使っているとします。

　　ア．水平でないところで使うときは，左右の皿がつり合うように調節する。
　　イ．ものの重さをはかるときは，分銅は右の皿にのせる。
　　ウ．ものの重さをはかるときは，分銅は軽いものからのせる。
　　エ．決めた重さをはかりとるときは，分銅は右の皿にのせる。
　　オ．決めた重さをはかりとるときは，はかりとるものの方のみ薬包紙をのせる。

(2) ビーカーの中に30℃の水100mL（100g）を入れ，これに20gの食塩を入れてとかします。このとき，次の①，②の重さはそれぞれどうなりますか。あとのア～ウの中から適当なものを1つずつ選び，記号で答えなさい。ただし，同じ記号を選んでもかまいません。
　　①　水に食塩を入れた直後のビーカーの中のものの重さ
　　②　よくかき混ぜて食塩がみえなくなったときのビーカーの中のものの重さ
　　ア．120gよりも軽い　　　イ．120g　　　ウ．120gよりも重い

(3) 80℃の水100mLにミョウバンを20g入れてよくかき混ぜ，すべてとかしました。この水よう液の温度を10℃ずつ下げていくと，と中でとけきれないミョウバンが出てきました。とけきれないミョウバンがはじめてみられるのは，表から考えてどの温度だと考えられますか。次のア～オの中から適当なものを1つ選び，記号で答えなさい。
　　ア．70℃　　　イ．60℃　　　ウ．50℃　　　エ．40℃　　　オ．30℃

(4) 日本では，海水から食塩をつくってきました。このことを説明した次の文章中の（　①　）～（　③　）に適するものを，あとのア～カの中からそれぞれ1つずつ選び，記号で答えなさい。

> 　食塩はミョウバンと異なり，水の温度が変わったとき，とける量は（　①　）。海水から食塩を取り出す方法のひとつとして，次のようなものがある。まず，海水を砂はま（塩田）にまく。しばらくたつと海水の（　②　）が，液体から（　③　）になる。このとき砂はまに残った食塩を海水にとかすと，さらにこい塩水ができる。この塩水から砂を取り除き，火にかけてにつめ，食塩を取り出す。

　ア．大きく変化する　　　イ．あまり変化しない　　　ウ．水　　エ．食塩
　オ．固体　　　カ．気体

2 鉄しんにエナメル線をまいてつくった2個のコイルX，Y，2個の豆電球P，Qと2個のかん電池を用いて回路をつくりました。図1は，机の上につくった回路の部品の位置を真上から見たようすです。回路は，Bの金属棒をAにつなぐと，Xが電磁石になって同時にPが光り，Bの金属棒をCにつなぐと，XとYのどちらも電磁石になって同時にPもQも光ります。A，Bの点にはそれぞれ導線が1本ずつつながれていますが，図の中にはかかれていません。次の各問いに答えなさい。

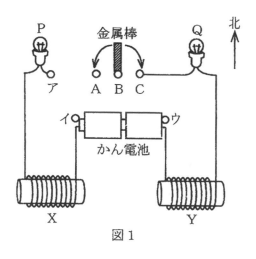

図1

(1) 解答らんの図は豆電球の内部のしくみを表しています。フィラメントにつながっている金属線を線でかき入れて，図を完成させなさい。

(2) 下線部より，A，Bのそれぞれの点とつながる導線の先は，どの点につながっていますか。図のア〜ウの中からそれぞれ1つずつ選び，記号で答えなさい。

(3) Bの金属棒をCにつないでできた2個の電磁石X，Yについて調べました。図2はそのときのようすで，鉄くぎ〈あ〉と〈い〉は図のように鉄しんにつきました。また，方位磁針a，bは図の位置でどちらもN極が東を指しました。

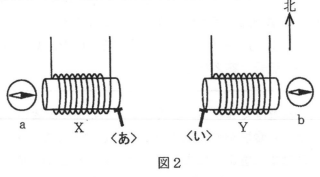

図2

① 鉄くぎがついているXの右はし，Yの左はしはそれぞれ何極ですか。

② 2個の鉄くぎはしばらくすると磁石になりました。図3のように，磁石になった鉄くぎ〈あ〉と〈い〉を方位磁針に近づけると，どちらも方位磁針の針がふれました。ふれた後の方位磁針はどの向きを指していますか。次のア〜エの中から最も適当なものをそれぞれ1つずつ選び，記号で答えなさい。ただし，同じ記号を選んでもかまいません。

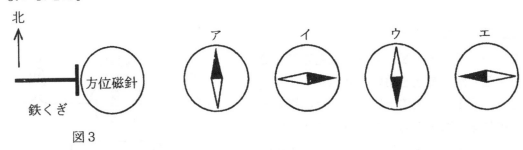

図3

(4) 図1の2個のかん電池をどちらも＋極と－極を入れかえて，同じ回路でBの金属棒をCにつなぎました。図2のように，鉄くぎと方位磁針を置きました。次のア〜オのうち，まちがっているものはどれですか。1つ選び，記号で答えなさい。ただし，コイルの鉄しん，鉄くぎは新しいものに取りかえました。

　ア．方位磁針a，bは，どちらも図2の向きとは逆向きになった。
　イ．鉄くぎ〈あ〉と〈い〉は，どちらも電磁石に反発してつかなかった。
　ウ．電磁石はどちらもN極とS極が入れかわった。
　エ．豆電球PとQに流れる電流の向きはどちらも逆向きになった。
　オ．電磁石XとYの強さは，かん電池の向きを入れかえてもどちらも変わらなかった。

---

3 太陽がしずんだ直後，南の空には半月が見え，東の空には右の図のような星のならびが見えました。次の各問いに答えなさい。

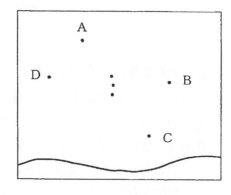

(1) この日は，何月ですか。次のア〜エの中から当てはまるものを選び，記号で答えなさい。
　　ア．1月　　イ．4月　　ウ．7月　　エ．10月

(2) 図の星をふくむ星座の名前は何ですか。また，図のA〜Dのうち，1等星をすべて選び，記号で答えなさい。

(3) この日から毎日，太陽がしずんだ直後に空を観察しました。次のア〜エのうち，この時刻に月が見えなかったのはどの日ですか。当てはまるものをすべて選び，記号で答えなさい。
　　ア．3日後　　　イ．11日後　　　ウ．19日後　　　エ．29日後

(4) 別のある日には三日月が見えました。見える月の形が日によって異なることを説明するためには，次のア〜オのうち，どの2つを組み合わせれば説明できますか。2つ選び，記号で答えなさい。
　　ア．球形の月は，自ら光っている。
　　イ．球形の月は，太陽の光が当たって，全体が明るく照らされる。
　　ウ．球形の月は，太陽の光が当たって，半分だけが明るく照らされる。
　　エ．月そのものの形が，日によって変わる。
　　オ．日によって月と太陽の位置関係が変わる。

(5) 次のア〜エのうち，月について正しく説明したものはどれですか。すべて選び，記号で答えなさい。
　　ア．岩石や砂が一面に広がっている。
　　イ．月の表面には水が流れる川がある。
　　ウ．クレーターとよばれるくぼみがある。
　　エ．月の表面から見上げると，青い空が広がっている。

---

4 次の文章を読み，あとの各問いに答えなさい。

　メダカがたまごをうむようすを調べるため，水そうでメダカを飼うことにしました。あたたかくなると，水そうの石やかべに，緑色のものがついているのが見えました。メダカは（　A　）のあとを追いかけており，しばらくして，水草には直径（　B　）mmほどのたまごが10個からみついていました。

（1）文章中の（　A　），（　B　）にあてはまるものを，次のア〜カの中からそれぞれ1つずつ選び，記号で答えなさい。
　　ア．オスがメス　イ．メスがオス　ウ．0.01　エ．0.1　オ．1　カ．10

（2）メダカは，たまごをからだにつけたまま泳ぐことがあります。たまごはからだのどこについていますか。図のア〜コの中から1つ選び，記号で答えなさい。

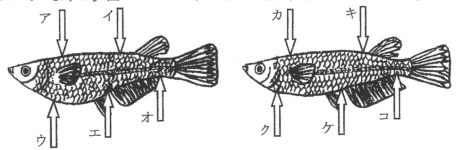

（3）メダカは呼吸をしています。呼吸について説明する文章として正しくなるように，次の（　ア　）〜（　エ　）にあてはまる言葉を答えなさい。ただし，（　エ　）は「酸素」，「二酸化炭素」のどちらかが入ります。

　　ヒトは呼吸により空気中の（　ア　）の一部を取り入れ，二酸化炭素をはき出しています。ヒトがはき出した空気のうち，いちばん体積の割合が多い気体は（　イ　）です。イヌはヒトと同じように肺で呼吸をしますが，メダカなどの魚は（　ウ　）で呼吸をします。ヒトの心臓から肺や，メダカの心臓から（　ウ　）に流れこむ血液中に多いのは（　エ　）です。

（4）水そうの中のものをとって，けんび鏡で観察すると小さな生き物がいました。次のア〜エのうち最も小さな生き物はどれですか。1つ選び，記号で答えなさい。
　　ア．ミドリムシ　　イ．ワムシ　　ウ．アオミドロ　　エ．ボルボックス

（5）右の図は，水そうの中のものをとって，けんび鏡で観察した生き物です。図の生き物の名前をカタカナ4字で答えなさい。

1

(1)	ア	イ	ウ	エ	オ
(2)	①	②	(3)		
(4)	①	②	③		

2

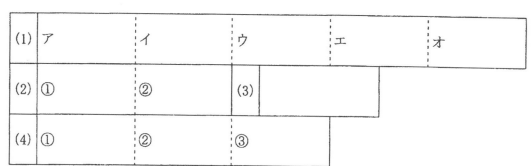

(1)	(2) A		B		
	(3) ① Xの右はし　　　　極	Yの左はし　　　　極			
	(3) ② 〈あ〉　　　〈い〉			(4)	

3

(1)		(2)	座	
(3)		(4)	と	(5)

4

(1) A	B	(2)		
(3) ア	イ	ウ	エ	
(4)	(5)			

（注意）解答は，すべて解答らんに記入し，答えを選ぶ問いは記号で一つ答えなさい。

1 次の文章を読み，下線部に対応した（1）～（7）の問いに答えなさい。

(1) 1949年，法隆寺金堂で火災が起こり，大切な文化財が失われました。このことをきっかけに，文化財の保護や活用などのため，翌年，文化財保護法という (2) 法律が制定されました。この法律において，古くから各地に伝わる文化的な財産は，彫刻・ (3) 絵画などの美術品や (4) 寺院・ (5) 城等建造物などの有形文化財， (6) 能・狂言などの芸能や工芸品制作における技術などの無形文化財，信仰・しきたり・祭りなどの民俗文化財に分類されています。文化財は， (7) 外国との交流や人々のくらしを表すものです。これからも大切に守っていかなければいけません。

（1）現在からちょうど70年前におこったこのできごとは，新聞で大きく報道されました。

①1949年以前におこったできごとを選びなさい。

あ．日本が国際連合に加盟した。　　　い．サンフランシスコ平和条約が結ばれた。
う．東京オリンピックが開催された。　え．日本国憲法が制定された。

②太平洋戦争に敗れた後の日本の経済発展について述べた次の文章を読み，（　ア　）・（　イ　）に入る語の組み合わせとして，正しいものを選びなさい。

朝鮮戦争がはじまり，（　ア　）が大量の物資を日本に注文したため，日本の経済は立ち直りました。その後，1950年代半ばから1970年代はじめにかけて，産業の各分野で技術革新がすすみ，飛躍的に日本の経済が発展したことを，（　イ　）といいます。

あ．ア＝アメリカ合衆国，イ＝バブル経済　　い．ア＝アメリカ合衆国，イ＝高度経済成長
う．ア＝ソビエト連邦，イ＝高度経済成長　　え．ア＝ソビエト連邦，イ＝バブル経済

③法隆寺がつくられたころの政治に関して，誤って述べたものを選びなさい。

あ．伝染病や反乱などから国を守るため，国分寺や国分尼寺が建てられた。
い．中国(隋)に使いを送り，政治のしくみや文化を学ばせ，日本に取り入れようとした。
う．仏教を敬うことやおたがい仲良くすることなど，役人が守るべき心得が示された。
え．家がらではなく，能力によって役人を取り立てようとした。

（2）次のa～cは，政府が制定した法律によって実現したことです。a～cを，古いものから新しいものになるように正しく並べたものを選びなさい。

a．工場などで働く人や物資を，政府が自由に戦争につぎこむことができるようになった。
b．はじめて25歳以上のすべての男子が，選挙で投票できるようになった。
c．公害の種類や守るべき基準が定められ，より良い環境で生活できるようになった。

あ．a→b→c　　い．a→c→b　　う．b→a→c
え．b→c→a　　お．c→a→b　　か．c→b→a

（3）鎌倉幕府のある御家人は，元と戦った証拠として「蒙古襲来絵巻」を描かせ，幕府に恩賞を要求しました。この戦いに関して，誤って述べたものを選びなさい。

あ．元軍は，二度にわたって九州北部に押し寄せてきた。
い．御家人たちは，北条政子の演説に感動し，幕府のために戦った。
う．御家人たちは，未知の兵器を使う元軍に対し，勇敢に戦った。
え．この戦いののち，御家人の不満が高まり，鎌倉幕府は足利氏らによって倒された。

（4）次のa～cの寺院を，建てられた順に正しく並べたものを選びなさい。

a：南蛮寺(キリスト教の教会)　b：東大寺　c：金閣(鹿苑寺)

あ．a→b→c　　い．a→c→b　　う．b→a→c
え．b→c→a　　お．c→a→b　　か．c→b→a

（5）日本の城に関する次の文を読み，安土城にあたるものを選びなさい。

あ．1993年に世界遺産に登録された，兵庫県に現存する城。
い．天下統一を目指した織田信長が，琵琶湖のそばに築いた城。
う．豊臣秀吉が全国の大名に手伝わせて築いた，多くの堀に囲まれた壮大な城。
え．天下統一を果たした徳川家康が，若いころに居城としていた城。

（6）室町時代に，能や狂言などをふくむさまざまな芸能が流行した理由として，正しく述べたものを選びなさい。

あ．庄屋(名主)などの有力者を中心に運営される，五人組の制度がつくられたから。
い．遣唐使が廃止され，ひらがななどの新しい文化がうみ出されたから。
う．国学が広まり，古くからある日本の文化が大切にされるようになったから。
え．商工業の発展にともない，まちや村の人々が活躍するようになったから。

（7）江戸時代以降も，外国とのさまざまな交流があり，民衆の生活に大きな影響を与えました。

①江戸時代の外国との交流に関して，誤って述べたものを選びなさい。

あ．日本の商人は，中国(清)に行って貿易することを幕府から許可されていた。
い．朝鮮通信使は，幕府の将軍がかわるごとに来日した。
う．出島のオランダ商館長は，海外のできごとを記した報告書を将軍に提出した。
え．琉球王国は，薩摩藩に政治をかんとくされていた。

②文明開化によって変わった人々のくらしに関して，誤って述べたものを選びなさい。

あ．くつをはき，マントなど洋服を着る人が現れるようになった。
い．れんがづくりの建物がつくられ，ランプやガス灯がともるようになった。
う．多くの町人や百姓の子どもたちは，読み書きやそろばんができるようになった。
え．太陽の動きをもとにした暦を使うようになった。

2 次の日本の地理や生活に関する（1）～（3）の問いに答えなさい。

（1）日本の自然や災害，災害に対する取り組みに関する①～③の問いに答えなさい。
①日本の自然環境の特色に関して，誤って述べたものを選びなさい。
あ．南北に長い国土をもつ日本では，1月の平均気温がもっとも高い地点ともっとも低い地点とを比べると，その差が10℃以上ある。
い．季節風の影響を受ける日本では，夏は太平洋側で降水量が多くなりやすく，冬は日本海側で降水量が多くなりやすい。
う．山がちな国土である日本では，外国のおもな河川と比べると，河川の長さが短く，流れが急である。
え．森林にめぐまれている日本では，国内の森林は大部分が天然林でしめられており，人工林はほとんどない。
②日本でおこった自然災害に関して，誤って述べたものを選びなさい。
あ．大地震によって発生した高潮により，低地にある建物が流された。
い．火山の噴火によって，溶岩や火砕流が流れこむ危険性が高まり，住民が避難した。
う．台風による強風によって，農作物が倒されるなどの被害が発生した。
え．大雪の影響によって，大渋滞が発生し，人が車内に長時間とじこめられた。
③災害に対する県や市町村の取り組みに関して，誤って述べたものを選びなさい。
あ．学校などを災害時の避難所に指定し，災害時のために水や食料などを保管している。
い．土地の高さを示す看板を設置し，水に関する災害からの避難に役立てている。
う．災害がおこった時の被害範囲を示す安全マップをつくり，住民に公開している。
え．土石流がおこりそうなところに砂防ダムを建設し，防災につとめている。
（2）日本の産業に関する①～⑤の問いに答えなさい。
①日本の米づくりの特色やくふうに関して，誤って述べたものを選びなさい。
あ．米の生産量が多い都道府県は，秋田県，新潟県，北海道である。
い．稲の栽培がしやすく，品質がよい米を作るため，品種改良がすすめられている。
う．米のブランド化が進み，収入が増えたことで，農業従事者数は増加している。
え．いくつかの農家が共同で機械を買い，協同作業をおこなう地域がある。
②日本の野菜づくりに関して，誤って述べたものを選びなさい。
あ．関東地方や九州地方には，野菜の生産がさかんな県が多い。
い．安い外国産の野菜が多く輸入されるため，野菜の自給率は小麦に比べて低い。
う．大都市に近い地域では，大都市向けの生鮮野菜の栽培がさかんである。
え．住んでいる土地の近くで生産された野菜を使う，地産地消がすすめられている。

③日本の水産業や畜産業と貿易に関して，誤って述べたものを選びなさい。
あ．水産物の水あげ量が多い上位5都道府県に，北海道，東京都，静岡県がふくまれる。
い．水産物のうち，魚貝類は中国やタイから多く輸入される。
う．畜産物の生産額が多い上位5都道府県に，北海道，宮崎県，鹿児島県がふくまれる。
え．畜産物のうち，牛肉はアメリカ合衆国やオーストラリアから多く輸入される。
④日本の工業地域や工場の特徴に関して，誤って述べたものを選びなさい。
あ．工業地域の多くが，太平洋ベルトに集中している。
い．工場を規模別に見ると，工場の数，生産額ともに中小工場が大工場より多い。
う．大規模な工場の多くは，海沿いに建てられている。
え．中小工場のなかには，高い技術を持ち，すぐれた製品をつくる工場がある。
⑤日本の自動車工業に関して，正しく述べたものを選びなさい。
あ．自動車工場では，効率的に自動車を製造するため，1つの工場のなかで部品の製造も組み立てもおこなっている。
い．自動車の組み立て作業は，自動車の品質を下げないようにするため，すべて手作業でおこなわれている。
う．日本の自動車会社は，日本車への信頼を守るため，外国向けの自動車を日本国内の工場ですべて製造している。
え．環境にやさしい自動車づくりをめざすため，解体するときにリサイクルがしやすいよう，くふうされている。
（3）生活の変化や特徴に関する①～③の問いに答えなさい。
①日本における生活の変化に関して，誤って述べたものを選びなさい。
あ．1950年ころと現在とを比べると，家事で使う道具に電気を使うものが増えている。
い．1950年ころ，長い距離を移動する手段として，新幹線が利用されていた。
う．100年以上前の建物には，木や土など自然のものが多く使われていた。
え．100年以上前から現在まで，地域で引きつがれている祭りがある。
②多くのスーパーマーケットが取り入れているくふうに関して，誤って述べたものを選びなさい。
あ．体が不自由な人も買い物がしやすいよう，専用の駐車場や案内看板をつくっている。
い．つくりたてのおかずを提供するため，店の中で調理をして，売り場に並べている。
う．犯罪を防ぐため，代金はすべて現金で支払ってもらうことにしている。
え．商品の過不足がおきないよう，コンピュータで商品を管理している。
③現在では，コンピュータなど多くの情報機器をつないで，情報のやりとりをできるようにするしくみが整えられています。インターネットをふくむこのようなしくみを何といいますか。解答らんの形式にしたがって，カタカナで答えなさい。

3 「平成」は数多くの災害が発生した時代で，水道や電気が使えることのありがたさを確認できました。また，情報通信技術が大きく発達した時代でもあり，情報社会の課題が見えてきました。下の(1)〜(4)のA・Bの文を読み，その正誤を適切に述べたものを次から選びなさい。

あ．AもBも正しい。　い．Aのみ正しい。　う．Bのみ正しい。　え．AもBも誤り。

(1)次の各文は，災害から身を守ることに関する文です。
A．地形や地質が災害の発生や被害の大きさに関わっているので，自分の住んでいる地域の地形や地質について調べておくのがよい。
B．自分の住んでいる市町村の気象情報だけに注目しておけば，災害による被害をさけることができる。

(2)次の各文は，水道やダムの目的に関する文です。
A．浄水場をつくって水道を普及させることには，伝染病の流行を防ぐ目的がある。
B．ダムには，雨の少ない地域の水不足に対応したり，発電したりする目的がある。

(3)次の各文は，日本の発電に関する文です。
A．近年では，原子力発電による発電量は，発電量全体の半分以上となっている。
B．近年，風力発電や太陽光発電など，自然を生かした発電方法が注目されている。

(4)次の各文は，情報通信に関する文です。
A．個人情報を保護する取り組みが進んだので，近年，インターネットを利用した犯罪は大きく減少した。
B．マスメディアの使命は公平公正な報道にあるので，根拠のない報道やうその報道は存在しない。

4 現在の日本の政治に関する(1)〜(4)の問いに答えなさい。

(1)天皇について，誤って述べたものを選びなさい。
あ．天皇は，国民と同じひとりの主権者として政治に関わることができる。
い．天皇の国事行為には，国会の召集や，法律・条約の公布がある。
う．天皇は，内閣の助言と承認にもとづいて国事行為をおこなう。
え．天皇の仕事には，被災地の訪問など，憲法に定められた仕事以外のものがある。

(2)選挙について，誤って述べたものを選びなさい。
あ．満18歳以上の国民は，選挙で投票することができる。
い．国会議員の選挙には，衆議院議員選挙と参議院議員選挙がある。
う．世論が，選挙の結果に大きな影響をおよぼすことがある。
え．衆議院議員総選挙の投票率が上がり，近年では70％を上回るようになった。

(3)三権分立について，誤って述べたものを選びなさい。
あ．国会は，内閣総理大臣を選ぶことができる。
い．内閣は，衆議院の解散を決めることができる。
う．内閣は，裁判官を裁く裁判をすることができる。
え．裁判所は，国会がつくった法律が憲法に違反していないかを調べることができる。

(4)裁判と裁判所について，誤って述べたものを選びなさい。
あ．国民は，だれでも裁判を受ける権利を持っている。
い．同じ事件について，3回まで裁判を受けることができる。
う．裁判員裁判では，国民から選ばれた裁判員だけで有罪か無罪かを判断する。
え．国民審査という制度は，最高裁判所の裁判官を審査する制度である。

解答らん

※30点満点
（配点非公表）

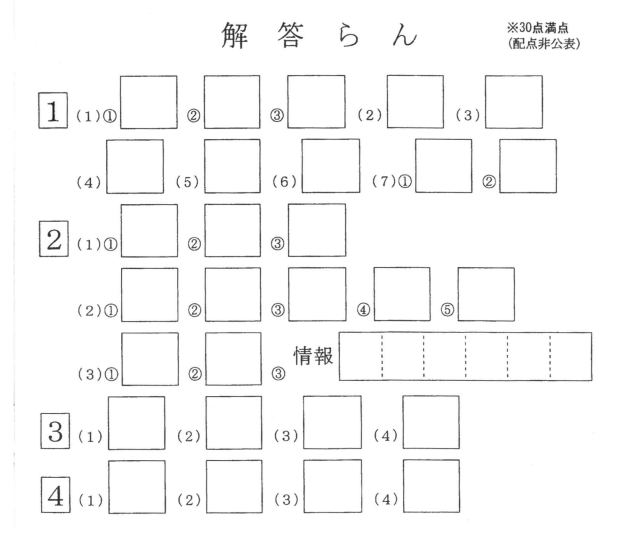

1 (1)①　　②　　③　　(2)　　(3)
　(4)　　(5)　　(6)　　(7)①　　②

2 (1)①　　②　　③
　(2)①　　②　　③　　④　　⑤
　(3)①　　②　　③情報□□□□

3 (1)　　(2)　　(3)　　(4)

4 (1)　　(2)　　(3)　　(4)

算　数

（3枚のうち，その1）

（注意）　⑴　答えは解答用紙にかきなさい。

　　　　　⑵　答えが整数にならないときは，小数で答えても分数で答えてもよろしい。

（50分）

1　次の □ の中にあてはまる数を答えなさい。

⑴　$0.28 \times 1\frac{4}{7} \div (\frac{1}{5} - 0.09)$ を計算すると，答えは □ です。

⑵　0.34 L の 12% は，□ cm² です。

⑶　右の表は，水そうに水を入れたときの
　　水の深さが水を入れたときの時間に
　　比例するようすを表したものです。

時間（分）	2	4	（イ）
水の深さ（cm）	（ア）	12	48

　　（ア）に入る数は □ で，（イ）に入る数は □ です。

⑷　小数第一位で四捨五入して，一の位までのがい数にすると4になる数と，
　　小数第一位で四捨五入して，一の位までのがい数にすると6になる数の積を考えます。
　　その積がもっとも小さくなるのは，積が □ のときです。

⑸　5年生が 13 人，6年生が 18 人いて，
　　1人1回ずつ，走りはばとびのとんだ長さを測りました。
　　5年生全員のとんだ長さの平均は，ちょうど 278 cm でした。
　　6年生全員のとんだ長さの平均は，ちょうど 293 cm でした。
　　5年生と6年生をあわせた 31 人全員の平均を，
　　四捨五入して，上から3けたのがい数にすると □ cm です。

⑹　（ア）と（ウ）にあてはまる数を，
　　5つの分数 $\frac{1}{2}$，$\frac{2}{3}$，$\frac{3}{4}$，$\frac{4}{5}$，$\frac{5}{6}$ のうちから1つずつ選び，
　　（イ）にあてはまる記号を4つの記号＋，－，×，÷のうちから1つ選び，
　　（ア）（イ）（ウ）を計算します。
　　ただし，（イ）に記号「－」をあてはめる場合は，（ア）＞（ウ）となるよう
　　に選びます。
　　①計算した答えがもっとも小さくなるのは，（ア）（イ）（ウ）のときです。
　　②計算した答えがもっとも大きくなるのは，（ア）（イ）（ウ）のときです。

⑺　右の図の，四角形ABCDは台形で，
　　辺ABの長さと辺BCの長さは 4 cm，辺CDの長さは 7 cm です。
　　また，点Pは辺ABを2等分する点で，
　　点Qは辺BCを3等分する点のうちの1つで，
　　点Rは辺CDを4等分する点のうちの1つです。
　　このとき，四角形DPQRの面積は，□ cm² です。

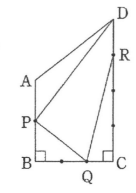

⑻　底面の直径が 20 cm で，高さが 5 cm である円柱の形をしたねん土があります。
　　右の図のように，この円柱の形をしたねん土の真ん中を，
　　底面の直径が 8 cm の円柱の形にくりぬきます。
　　残ったねん土の体積は，
　　円周率を 3.14 として計算すると，□ cm² です。

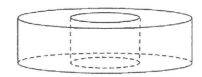

⑼　たて 7 m，横 9 m の長方形の紙があります。
　　この紙をたてに何等分かする直線と横に何等分かする直線を，この紙にかき，
　　たての長さと横の長さの比が 2：3 である合同な長方形に分割します。
　　分割された長方形の数がもっとも少なくなるのは，
　　分割された長方形の数が □ 個のときです。

2　2以上の整数を1つ考えます。その整数の約数のうち素数であるものを
すべて書きだします。書きだした素数の合計を求めます。

　　例えば，2以上の整数として12を考えます。12の約数のうち素数であるものは
2と3なので，2と3を書きだします。書きだした素数の合計を求めると5です。
また，2以上の整数として7を考えます。7の約数のうち素数であるものは
7だけなので，7だけを書きだします。書きだした素数の合計を求めると7です。
　　このとき，次の □ の中にあてはまる数を答えなさい。

(1)　2以上の整数として132を考えます。132の約数のうち素数であるものを
　　すべて書きだします。書きだした素数の合計を求めると □ です。

(2)　2以上の整数として あ を考えます。 あ の約数のうち素数であるものを
　　すべて書きだします。書きだした素数の合計を求めると8です。

　　　 あ にあてはまる30以下の数は， □ だけです。

(3)　2以上の整数として い を考えます。 い の約数のうち素数であるものを
　　すべて書きだします。書きだした素数の合計を求めると10です。

　　　 い にあてはまる60以下の数を，小さい順にすべてならべると，
　　□ ， □ ， □ です。

(4)　2以上の整数として う を考えます。 う の約数のうち素数であるものを
　　すべて書きだします。書きだした素数の合計を求めると18です。

　　　 う にあてはまる200以下の数を，小さい順にすべてならべると，
　　□ ， □ ， □ ， □ ， □ です。

3　十分大きな正方形の方眼紙があります。1目もりは1cmです。

方眼のたての線は南北にのび，方眼の横の線は東西にのびています。
この方眼紙の真ん中の方眼を1個ぬりつぶし，その方眼をスタートの方眼とします。
さらに次の手順で方眼をぬりつぶしていきます。
手順1　スタートの方眼から西に方眼1個分進んで，その方眼をぬりつぶします。
手順2　南に方眼2個分進んで，その2個の方眼をぬりつぶします。
手順3　東に方眼3個分進んで，その3個の方眼をぬりつぶします。
手順4　北に方眼4個分進んで，その4個の方眼をぬりつぶします。
手順5　西に方眼5個分進んで，その5個の方眼をぬりつぶします。
このあと，同じように，進行方向にたいして左に90°向きを変え，
ぬりつぶす方眼の数を1個ずつ増やしながら，手順25までくり返します。
　　下の図のななめの線をつけた部分は，ちょうど手順6まで終えたときに
ぬりつぶされてできている図形を表しています。

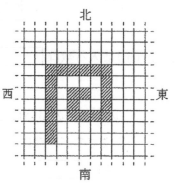

　　このとき，次の □ の中にあてはまる数を答えなさい。

(1)　ちょうど手順8まで終えたときにぬりつぶされてできている図形の，
　　面積は (ア) cm²で，周りの長さは (イ) cmです。

(2)　ちょうど手順25まで終えたときにぬりつぶされてできている図形の，
　　面積は (ア) cm²で，周りの長さは (イ) cmです。

受検番号

※40 点満点
（配点非公表）

解　答　用　紙

1

(1) ☐

(2) ☐ cm³

(3) (ア) ☐　(イ) ☐

(4) ☐

(5) ☐ cm

(6) ① (ア) ☐　(イ) ☐　(ウ) ☐
　　② (ア) ☐　(イ) ☐　(ウ) ☐

(7) ☐ cm²

(8) ☐ cm³

(9) ☐ 個

2

(1) ☐

(2) ☐

(3) ☐ , ☐ , ☐

(4) ☐ , ☐ , ☐ , ☐ , ☐

3

(1) (ア) ☐ cm²　(イ) ☐ cm

(2) (ア) ☐ cm²　(イ) ☐ cm

理 科

（※社会と理科2科目合わせて50分）　　　　（注意）答えはすべて解答らんに記入しなさい。

1 重さが 20g の球形のおもりに糸をつけ，右の図のように天じょうからつり下げ，ふりこを作りました。ふりこの長さを 25cm，50cm，75cm と変え，ふれはばを 20° にして，ふりこが 10 往復する時間を，それぞれ5回ずつ測定しました。下の表はその結果をまとめたものです。あとの各問いに答えなさい。

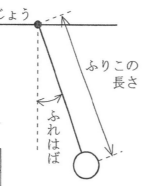

天じょう

ふりこの長さ

ふれはば

ふりこの長さ	1回目	2回目	3回目	4回目	5回目
25cm	9.9秒	10.0秒	10.1秒	9.0秒	10.1秒
50cm	14.1秒	14.0秒	14.2秒	14.4秒	14.3秒
75cm	17.4秒	17.3秒	17.5秒	17.4秒	17.3秒

(1) この実験の結果から，75cmのふりこが1往復する時間は何秒と考えられますか。小数第2位を四捨五入して，小数第1位まで答えなさい。

(2) 25cmのふりこと，50cmのふりこが1往復する時間を求めようとしましたが，表の中には1つだけ他と比べて不自然なものがあります。何cmのふりこの何回目の測定ですか。また，その原因として何が考えられますか。次のア〜オの中から適当なものを1つ選び，記号で答えなさい。

　ア．測定中にふりこの長さが長くなった。

　イ．ふりこのふれはばを大きくして測定してしまった。

　ウ．ふりこのふれはばを小さくして測定してしまった。

　エ．まちがえて，ふりこが9往復する時間を測定した。

　オ．まちがえて，ふりこが11往復する時間を測定した。

(3) この実験結果からわかることは何ですか。次のア〜カの中から最も適当なものを1つ選び，記号で答えなさい。

　ア．おもりの重さが重くなれば，ふりこが1往復する時間が長くなる。

　イ．ふりこが1往復する時間は，おもりの重さによって変わらない。

　ウ．ふりこのふれはばが大きくなれば，ふりこが1往復する時間は長くなる。

　エ．ふりこが1往復する時間は，ふりこのふれはばによって変わらない。

　オ．ふりこの長さが長くなれば，ふりこが1往復する時間が長くなる。

　カ．ふりこが1往復する時間は，ふりこの長さによって変わらない。

(4) 次の文章は，ふりこの学習をすべて終えた小学生が書いたものです。文章中の（　　）に当てはまるものとして最も適当なものを，あとのア〜エの中から1つ選び，記号で答えなさい。

　　理科の授業で，ふりこのきまりについて学びました。1回目の授業で，先生が鉄でできた球形のおもりを使ったふりこを見せてくれました。先生のふりこは，8往復するのに 12.8 秒かかっていました。自分たちの実験結果を使って考えると，先生のふりこは（　　　　）の間の長さであると考えられます。

　　ア．10cm〜25cm　　　イ．25cm〜50cm　　　ウ．50cm〜75cm　　　エ．75cm〜100cm

2 次の文章を読み，あとの各問いに答えなさい。

　Fさんは秋の遠足の前日，天気が心配になり昼ごろ空を見ると，ひつじ雲があり，雲の量は7でした。しばらく観察していると，雲は同じ方向に動いていました。遠足前日の夜から遠足の次の日にかけては，雲や風もなくおだやかでした。

　遠足で移動しているとき，日がよく当たる平らな土地に，真南の空に向かってたくさんの光電池（ソーラーパネル）が設置されているのが見えました。また，川の上流（山の中）と下流（平地）では，川はばや水が流れる速さ，石の大きさや形にちがいがあることに気づきました。

(1) 遠足前日にFさんが雲を観察したときの天気は何ですか。

(2) 雨を降らせる雨雲や，かみなりや大雨をもたらすことがある入道雲（かみなり雲）は，理科の用語で何といいますか。次のア〜オの中からそれぞれ1つずつ選び，記号で答えなさい。

　　ア．積雲　　　イ．けん雲　　　ウ．積乱雲　　　エ．層雲　　　オ．乱層雲

(3) 遠足当日，Fさんの住んでいる地域の最高気温と最低気温を記録したのはいつごろだと考えられますか。次のア〜オの中からそれぞれ1つずつ選び，記号で答えなさい。

　　ア．午前6時ごろ　　　イ．午前9時ごろ　　　ウ．正午ごろ　　　エ．午後2時ごろ

　　オ．午後6時ごろ

(4) 遠足のときに見えた光電池がつくった電気の量は，遠足当日，時刻によりちがっていました。最も多くの電気をつくっていたのはいつごろだと考えられますか。次のア〜エの中から1つ選び，記号で答えなさい。

　　ア．午前10時ごろ　　　イ．正午ごろ　　　ウ．午後2時ごろ　　　エ．午後4時ごろ

(5) 川の上流と下流のようすには，どのようなちがいがありますか。次の文章中の（　①　）〜（　④　）に適する言葉を入れて，説明しなさい。

　　川の下流より上流のほうが，川はばは（　①　），水が流れる速さは（　②　）。また，川の石の大きさや形を比べてみると，上流のほうが石の大きさは（　③　），石の形は（　④　）。

3 生物の生まれ方や育ち方に関する次の文章を読み，あとの各問いに答えなさい。

　生物によって，生まれ方と育ち方はさまざまです。ヒトの場合，女性の体内でつくられた卵と，男性の体内でつくられた精子が結びつくことにより，卵が育ち始めます。また，「ヒトの卵とモンシロチョウのたまごを比べると，（　ア　）の方が大きい」，「ヒトの子どもは生まれ出たあと，（　イ　）を飲んで育つが，モンシロチョウはたまごからかえったあと，はじめに（　ウ　）を食べる」というちがいがあります。

(1) 下線部のように，卵と精子が結びつくことを何といいますか。漢字で答えなさい。

(2) 文章中の（　ア　）～（　ウ　）に言葉を入れて，文章を完成させなさい。ただし，（　ア　）には「ヒト」，「モンシロチョウ」のどちらかが入ります。

(3) 母親の体内にいるヒトは，生まれ出てくるまで口でものを食べることができません。そのかわりに，へそのおを通して，養分などを母親からもらい，いらないものを母親にわたしています。へそのおが子宮とつながっているところはどこですか。ひらがな4字で答えなさい。

(4) 母親の体内にいるヒトの育ち方について，正しく説明しているものはどれですか。次のア～オの中からすべて選び，記号で答えなさい。

　　ア．ヒトは母親の子宮の中で育つ。

　　イ．ヒトは羊水により，守られている。

　　ウ．ヒトは卵と精子が結びついた後，約12週で心臓が動き始める。

　　エ．ヒトは卵と精子が結びついた後，約24週で手や足の形がはっきりしてくる。

　　オ．ヒトは卵と精子が結びついた後，約58週で生まれ出てくる。

(5) モンシロチョウの育ち方について，正しく説明しているものはどれですか。次のア～オの中からすべて選び，記号で答えなさい。

　　ア．「たまご→幼虫→さなぎ→せい虫」の順に育つ。

　　イ．たまごからかえったばかりの幼虫は，緑色である。

　　ウ．幼虫は糸をからだにかけて，皮をぬぎ，さなぎになる。

　　エ．さなぎは，何も食べない。

　　オ．成虫はさなぎから出てきて，すぐに空を飛ぶ。

(6) 解答らんの図は，モンシロチョウのかきかけのスケッチです。「モンシロチョウ」のなまえのもとと考えられる部分を，黒くぬりつぶしてかき加えなさい。

4 ろうそくの燃え方を調べた次の実験について，あとの各問いに答えなさい。

【実験】図のように，平らにしたねん土の中心にろうそくを立て，底のない集気びんを上からかぶせ，ねん土にぴったりとつけた①～④の装置をつくりました。そして，それぞれの装置のろうそくに火をつけ，燃えるようすを調べました。ただし，装置①，②はろうそくに火をつけた後，びんの口にふたをします。また，装置②，④はねん土の一部を切り取っています。

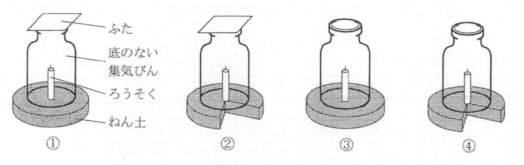

(1) この実験で注意すべきこととして，まちがっているものはどれですか。次のア～オの中から1つ選び，記号で答えなさい。

　　ア．装置は机の中央に置いておく。

　　イ．ろうそくが燃えている間，ふたや集気びんを直接さわらない。

　　ウ．ろうそくが燃えている間，いすにすわって実験をする。

　　エ．装置の近くにぬれたぞうきんを置いておく。

　　オ．かん気をする。

(2) 装置①，②，③のうち，ろうそくが長く燃え続けたものが1つありました。それはどれですか。①～③の番号で答えなさい。

(3) 装置①について，ろうそくを燃やす前と後で，集気びんの中にある気体の体積の割合が変化しているものがありました。気体の割合の変化や，気体の性質の説明として正しいものはどれですか。次のア～エの中から1つ選び，記号で答えなさい。

　　ア．ろうそくを燃やす前に割合が最も大きかった気体は，燃やすことで割合が2番目になった。

　　イ．ろうそくを燃やす前に割合が2番目に大きかった気体は，燃やすことですべてなくなった。

　　ウ．ろうそくを燃やすことで割合が大きくなった気体は，水でぬらした赤色リトマス紙の色を変化させない。

　　エ．ろうそくを燃やすことで割合が小さくなった気体は，石かい水を白くにごらせる。

(4) 装置④について，ろうそくが燃えている間，びんの口に線こうのけむりを近づけました。このとき，線こうのけむりはどのようになりますか。けむりのようすを，線を1本使って，解答らんの図にかき入れなさい。

(5) 次の文章は，ろうそくが燃えるようすを観察したものです。文章中の（　①　）〜（　⑤　）には，「固体」，「液体」，「気体」のいずれかが必ず入ります。（　①　）〜（　⑤　）にあてはまるものをそれぞれ答えなさい。ただし，同じものをくり返し選んでもかまいません。

> 　ろうそくに火をつける前，ろうは（　①　）である。火をつけると，ろうそくのほのおの下に（　②　）のろうがたまっている。これはろうがあたためられたからだと考えられる。ろうそくの「しん」に（　③　）のろうがしみこみ，ほのおによってさらに熱せられ，（　④　）となって燃える。ろうそくのしんはやわらかいもめんの糸でできているが，ろうそくの火を消した後は，しんの中にしみこんでいたろうが（　⑤　）になるため，しんはかたくなっている。

解 答 ら ん

※30 点満点
（配点非公表）

1

(1)		秒	(2)		cmの		回目	原因
(3)				(4)				

2

(1)			(2)	雨雲		入道雲	
(3)	最高気温			最低気温		(4)	
(5)	①			②			
	③			④			

3

(1)				
(2)	ア	イ	ウ	
(3)				(6)
(4)				
(5)				

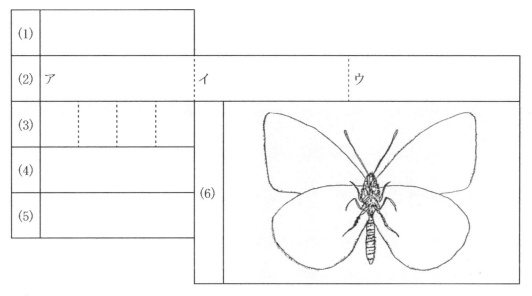

4

(1)		(2)		(3)	
(5)	①		②		(4)
	③		④		
	⑤				

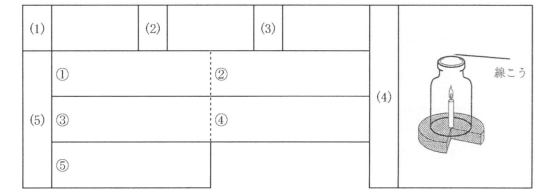

線こう

2018(H30) 広島大学附属福山中

教英出版

社　会

（注意）　解答はすべて解答らんに記入し，答えを選ぶ問いは記号で一つ答えなさい。

1　次の世界と日本の地理に関する（1）～（6）の問いに答えなさい。

（1）地球儀や地図，大陸と海洋の分布について，正しく述べたものを選びなさい。

あ．経線は，イギリスの旧グリニッジ天文台を通る線を0度としている。

い．緯度0度の線を基準にして，東側を東半球，西側を西半球という。

う．北アメリカ大陸は，北半球と南半球にまたがっている。

え．アフリカ大陸とユーラシア大陸は，太平洋に面している。

（2）日本の位置と範囲，自然環境について，正しく述べたものを選びなさい。

あ．およそ7000の島々が，北西から南東の方向に弓なりにならんでいる。

い．西の端には与那国島が，東の端には沖ノ鳥島が，位置している。

う．現在もふん火をする活火山があり，人々の生活に被害をあたえている。

え．静岡市と新潟市とをくらべると，静岡市のほうが冬の降水量が多い。

（3）現在の日本の産業やくらしについて，誤って述べたものを選びなさい。

あ．米は，北海道や東北地方など，寒い地域で多く生産されている。

い．漁獲量は，養しょく業が沖合漁業をぬき，最も多くなっている。

う．工業生産額は，多くの工業地帯・地域で，機械工業の割合が最も高い。

え．インターネットを利用する人の数は，10年前と比べると増加している。

（4）現在の日本の食料の消費や貿易に関して，誤って述べたものを選びなさい。

あ．地域の農業を守る取り組みとして，地産地消がすすめられている。

い．安心して食品を買える取り組みとして，トレーサビリティがおこなわれている。

う．消費される水産物には，外国から輸入しているものがある。

え．牛肉や小麦は，ヨーロッパやアフリカの国々から多く輸入している。

（5）次の①～③の説明を読み，①にあたる国名をカタカナで，②にあたる国名と③にあたる県名をひらがなで答えなさい。なお，国名は正式国名で答えなくてもよい。

①2017年3月に国王が来日した。さばくが広がる国で，国内にはイスラム教の聖地であるメッカ・メディナがあり，イスラム教を信仰する人の割合が高い。日本はこの国から，現在，最も多く石油を輸入している。

②2018年2月に冬季オリンピックが開催される。この国が位置する半島から，日本へ仏教や米作りが伝わった。第二次世界大戦後，半島を南北に二分して国がつくられた。南側に位置するこの国は，現在も北側の国と緊張状態が続いている。

③2014年にこの県にある工場が世界文化遺産に登録された。北関東（関東内陸）工業地域にふくまれる県として，自動車工業などがさかんである。高原地域の村では，夏でもすずしい気候を生かしてキャベツなどを多く生産し，大都市へ出荷している。

（6）さまざまな統計に関する①～③の問いに答えなさい。

①次の表のア～カは，じゃがいも，トマト，ピーマン，ぶどう，みかん，りんごの生産量が上位の道県を示したものです。この表をみて，ウとエにあてはまる組合せを，下から選びなさい。

	ア	イ	ウ	エ	オ	カ
1位	和歌山県	北海道	青森県	茨城県	山梨県	熊本県
2位	愛媛県	長崎県	長野県	宮崎県	長野県	北海道
3位	静岡県	鹿児島県	山形県	高知県	山形県	茨城県
4位	熊本県	茨城県	岩手県	鹿児島県	岡山県	千葉県

（『日本国勢図会 2017/18年版』，『データブック オブ・ザ・ワールド 2017年版』より作成）

あ．ウ＝ぶどう　エ＝じゃがいも　　　い．ウ＝ぶどう　エ＝トマト

う．ウ＝みかん　エ＝トマト　　　　　え．ウ＝みかん　エ＝ピーマン

お．ウ＝りんご　エ＝ピーマン　　　　か．ウ＝りんご　エ＝じゃがいも

②次の表は，アメリカ合衆国，中国，ドイツ，日本における，2000年，2010年，2016年の自動車生産台数を示したものです。この表のデータだけから読み取れることとして正しく述べたものを，下から選びなさい。

	2000年	2010年	2016年
アメリカ合衆国	12800	7743	12198
中　国	2069	18265	28119
ドイツ	5527	5906	6063
日　本	10141	9629	9205

（単位は千台。『日本国勢図会 2017/18年版』より作成）

あ．中国の2000年と2016年の生産台数を比べると，2016年は15倍以上に増えている。

い．アメリカ合衆国と中国の2016年の生産台数を合わせると，世界の約半数をしめる。

う．4か国の生産台数の合計にしめる日本の生産台数の割合は，2016年が最も低い。

え．4か国のうち3か国で，2000年よりも2010年のほうが，生産台数が多い。

③次の表は，日本の貿易額の移り変わりを1985年から5年ごとに示したものです。この表から読み取れることとその背景について，X・Yの文に示しました。X・Yの文の正誤を適切に述べたものを，下から選びなさい。

	1985年	1990年	1995年	2000年	2005年	2010年	2015年
輸出額	4196	4146	4153	5165	6566	6740	7561
輸入額	3108	3386	3155	4094	5695	6077	7841

（単位は百億円。『データブック オブ・ザ・ワールド 2017年版』より作成）

X．1995年から2005年にかけて，大きく輸出額を伸ばしている。これは，日本が高度経済成長を達成した時期で，製造業の工場の建設が国内で増加したからである。

Y．2015年は，輸出額よりも輸入額のほうが多い。これは，日本から外国に移っていた工場が，再び日本に戻って生産するようになったからである。

あ．XもYも正しい。　　い．Xのみ正しい。　　う．Yのみ正しい。　　え．XもYも誤り。

2　下の（1）～（5）のA・Bの文を読み，その正誤を適切に述べたものを次から選びなさい。

> あ．AもBも正しい。　い．Aのみ正しい。　う．Bのみ正しい。　え．AもBも誤り。

（1）次の各文は，本を利用して調査し，レポートを作成する際に注意するべきことに関する文です。

A．本に書かれている内容を勝手に書きかえたりせず，そのまま利用する。

B．利用した本の題名や著作者の名前を示す。

（2）次の各文は，安全なくらしに関する文です。

A．110番通報するときも119番通報するときも，事故や火事などが起こった場所を伝えるだけでよい。

B．自転車に乗るときは，自動車と同じく道路交通法を守らなければならない。

（3）次の各文は，ごみの処理やリサイクルに関する文です。

A．クリーンセンターは主にごみを燃やして処理しており，その際に発生する熱を温水プールなどに利用しているところがある。

B．不用品の再利用よりも，不用品のリサイクルのほうがむだに資源を使わなくてすむ。

（4）次の各文は，森林の保護に関する文です。

A．森林を保護することは，雨水をたくわえ，飲み水の水源を守ることにつながる。

B．日本の森林面積は，木材確保のため急速に減少しており，各地で森林保護が進められている。

（5）次の各文は，日本国憲法に関する文です。

A．前文には，平和主義がかかげられている。

B．第9条には，外国との争いを戦争によって解決しないことが書かれている。

3　現在の日本の政治に関する（1）～（3）の問いに答えなさい。

（1）国と地方の予算について述べた文として，誤っているものを選びなさい。

あ．国会は，さまざまな省庁の意見をまとめ，国の予算案をつくる。

い．国の一年間の支出の中で最も多いものは，社会保障に使われるお金である。

う．国の予算は国会で決められ，地方公共団体の予算は地方議会で決められる。

え．地方公共団体の収入には，国からの補助がふくまれている。

（2）国会議員の選挙について述べた文として，誤っているものを選びなさい。

あ．選挙で投票できる年齢は，満18歳以上である。

い．インターネットを利用した選挙運動ができる。

う．選挙で投票できることは，基本的人権のひとつである。

え．国会議員の選挙と同時に，最高裁判所の裁判官を選ぶ投票がおこなわれる。

（3）国会の役割ではないものを選びなさい。

あ．法律を定める。

い．憲法改正を国民に提案する。

う．内閣総理大臣を指名する。

え．外国と条約を結ぶ。

4　日本の歴史に関する次の（1）～（10）の問いに答えなさい。

（1）卑弥呼が生きた時代のようすについて，誤っているものを選びなさい。

あ．人々は，たて穴住居に住み，高床倉庫に食料を保存した。

い．石包丁や木製のくわを使って，稲作がおこなわれていた。

う．むらどうしで争うようになり，複数のむらを従えた豪族があらわれた。

え．王が国を統一していくようすを記した歴史書が，日本でつくられた。

（2）東大寺に大仏がつくられたころのようすとして，誤っているものを選びなさい。

あ．行基が，各地にため池や橋をつくり，人々のくらしを助けた。

い．重い税の負担にたえかねて，土地を捨てて逃げ出す農民がいた。

う．大和絵という絵画の技法を用いて，風景や貴族の生活がえがかれた。

え．朝廷に納められた税は，産地や内容が木簡に記録され，管理された。

（3）北条氏は，鎌倉幕府の将軍を助ける役職につき，やがて幕府の政治などの実権をにぎりました。北条氏がついたこの役職を選びなさい。

あ．太政大臣　　い．執権　　う．摂政　　え．老中

（4）京都に幕府が置かれていたころのようすとして，誤っているものを選びなさい。

あ．花をいけたり，お茶を飲んだりする習慣が，人々の間に広まった。

い．版画として大量に刷られた浮世絵を人々が買い求めた。

う．水を使わずに石や砂を用いて，山や水を表現する庭がつくられた。

え．将軍などが中国（明）に船を送り，貿易をおこなった。

（5）豊臣秀吉がおこなったこととして，誤っているものを選びなさい。

あ．百姓から刀や鉄砲を取り上げた。

い．各地の田畑の広さや土地のよしあしを調べ，記録させた。

う．大名が勝手に領地の城を修理することを禁じるきまりをつくった。

え．2度にわたって朝鮮に大軍を送りこんだ。

（6）江戸時代の百姓や農村について述べた文として，誤っているものを選びなさい。

あ．農業にたずさわる百姓の人口は，人口全体の約半数であった。

い．村の子どもたちは，寺子屋で読み書きなどの勉強をしていた。

う．百姓は，幕府から，米を多く食べないように言われていた。

え．田植えや稲刈りなどの作業は，村人が集まり共同でおこなっていた。

（7）江戸時代に人々の間で流行した人形浄瑠璃の脚本家として有名な人物を選びなさい。

あ．市川団十郎　　い．近松門左衛門　　う．葛飾北斎　　え．歌川広重

（8）1889年に憲法が発布され，翌年，帝国議会が開かれました。このことに関して，次の問いに答えなさい。

①日本で憲法が発布されるまでの動きについて述べたア〜エの文を，年代の早い順に並べたものとして正しいものを選びなさい。

> ア．政府が国民に対し，国会を開設することを約束した。
> イ．政府に不満を持つ旧武士たちが，武力にたよって，自分たちの意見を通そうと反乱を起こした。
> ウ．天皇が，「政治のことは，会議を開き，みんなの意見を聞いて決める」など，これからの政治の方針を誓う文を発表した。
> エ．政党がつくられ，各地で憲法の草案づくりが始まった。

　あ．ア→イ→ウ→エ　　　い．ア→ウ→イ→エ　　　う．ア→イ→エ→ウ
　え．イ→エ→ア→ウ　　　お．イ→ア→ウ→エ　　　か．イ→エ→ウ→ア
　き．ウ→エ→イ→ア　　　く．ウ→イ→ア→エ　　　け．ウ→ア→イ→エ
　こ．エ→ア→イ→ウ　　　さ．エ→イ→ウ→ア　　　し．エ→ウ→イ→ア

②憲法や帝国議会について述べた文として，誤っているものを選びなさい。

　あ．ドイツの憲法を参考に，伊藤博文が中心となって憲法が作成された。
　い．帝国議会には貴族院と衆議院があり，衆議院議員のみ選挙で選ばれた。
　う．帝国議会は，政治の方針を決める主権をもっていた。
　え．最初の選挙で選挙権をもつことができた人は，国民全体の1％ほどであった。

（9）日本では，1890年から1910年の間に政治的にも経済的にも大きな変化がありました。次の表は，1890年と1910年の日本の輸出品の品目と輸出総額にしめるそれぞれの割合を示したものです。1890年の表を参考に，1910年の日本の輸出品の品目（ア）にあたるものを下から選びなさい。

1890年（総額5660万円）

品目	割合
生糸	24.5 %
緑茶	10.7 %
石炭	8.5 %
水産物	6.4 %

1910年（総額4億5843万円）

品目	割合
生糸	28.4 %
（ア）	9.9 %
（イ）	7.2 %
（ウ）	4.5 %

（『日本貿易精覧』より作成）

　あ．石油　　い．水産物　　う．綿花　　え．綿糸

（10）1945年8月6日に起きたできごとから学んだことを，後世に残し，伝えるために，世界文化遺産に登録された建物は何ですか。解答らんに従ってカタカナで答えなさい。

解 答 ら ん

※30点満点
（配点非公表）

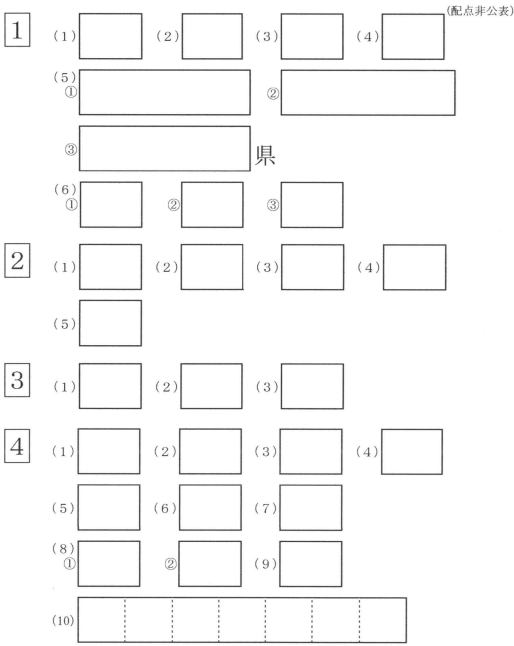